Sekotia
EDITORIAL

Editorial Sekotia
c/ Gamonal 5 – 28031 Madrid


PRODUCCIÓN, ARTE FINAL Y FOTOMECÁNICA
HB&h, S.L. Dirección de Arte y Edición
www.grupo–hbh.com

ISBN: 978–84–940992–5–0
DEP. LEGAL: M–10197–2013

# LA PASTA NOSTRA

## 33 AÑOS DE PODER CONVERGENTE EN CATALUÑA

Xavier Horcajo

Sekotia
EDITORIAL

# ÍNDICE

# LA PASTA NOSTRA

# Introducción

La corrupción no es teorizable. Incluso es peligroso para un país reducirla a lo que las leyes disponen como delitos. El fenómeno atañe, de igual forma, a lo que no es digno, presentable o amoral. Desde hace 33 años, primero con los Gobiernos de Jordi Pujol, que llegó a ser el jefe de gobierno más longevo de toda Europa; luego los años de oposición con el Tripartito en el Gobierno y después con la reinstauración de Convergència i Unió en el poder y Artur Mas en la Presidencia, se han caracterizado por innumerables casos de corrupción arreglados de forma política. A veces con apaños en los juzgados, en las fiscalías generales del Estado, a veces con indultos graciosos de los culpables condenados, a veces con pagos comprando sentencias y, las más, con apaños políticos para que los pillados –que son muchos– salieran indemnes.

Con los años la sensación de impunidad viajaba en los coches de consejeros y altos cargos de la Generalitat nacionalista, hasta que la crisis, el hartazgo de lo corrupto amenaza con volar por los aires ese ambiente de dinero en paraísos fiscales, financiación inconfesable y parasitismo de la economía de Cataluña. Mi tierra supo ser –a pesar de Franco– el territorio más fértil para las empresas, el que ofrecía mayores posibilidades a propios e inmigrantes, como buena parte de mi familia; hoy 33 años después de instaurar el autogobierno catalán: no somos los más ricos, ni los que disponen de mayores atractivos empresariales. Cataluña es líder en endeudamiento y los españoles y muchos catalanes no entienden la naturaleza del gasto público ordenado por los nacionalistas. En pocas palabras, se cierran quirófanos y se mantiene a *TV3* y las embajadas.

Este ensayo describe cómo el entorno de Jordi Pujol, el carismático líder nacionalista siempre hizo negocios al amparo de la Administración que dirigía papá Pujol. Sus hijos son multimillonarios, sin que puedan explicar a qué deben su fortuna, más allá de la sombra de Jordi Pujol. Incluso Jordi Pujol, el primogénito ha gozado de décadas de impunidad y su despacho "el nido del cuco" ha visto repartir adjudicaciones, concesiones y contratas con la naturalidad de vivir en una Tangentópolis blindada. Son los efectos del caso Catalana los que blindan la corrupción de CiU. Sus votantes parecen de "piedra picada", incapaces del menor criticismo con "los nuestros". A estos les han hecho de todo, negocios corruptos con los rivales socialista (Alavedra & Prenafeta, por ejemplo); robar el dinero santo de la formación de los parados (*caso Pallerols*), además de lucir escandalosos signos de riqueza y poder, detectables a cientos de metros: mansiones, coches, mujeres. Nunca nadie dijo ni pío, hubo un silencio espeso, un temor reverencial

Han encumbrado a delincuentes como Luis Pascual Estevill o Joan Piqué Vidal, han cobrado y defendido a empresarios que concitan el mayor número de condenas de la historia empresarial española, como Javier de la Rosa. Pero, tal vez lo peor, es que –generacionalmente– los episodios de corrupción nacionalista han pasado de padre a hijos. Unos recaudan para sí y para la causa y nunca sabemos qué parte va a cada cosa. Aunque esa corrupción, ese problema que Pasqual Maragall Madía en el 3% (y se quedaba corto) presenta episodios igualmente soeces, descarados y repugnantes, como el *caso Palau* o el *caso de las ITV* pendientes de resolución judicial. En definitiva la corrupción derivada de CiU ha sido como un Proteo mutante y sofisticado, capaz de robar en transversal y donde la ambición por el *tangere* de los latinos, ha vivido enrocado en la bandera. También Cataluña ha sido pionera en el pecaminoso maridaje de juego y política y sus políticos unos verdaderos artistas en el arte de salir indemnes de los episodios corruptos. Lo hemos visto en el *caso Pallerols*, en el *caso Catalana* y docenas de veces más.

Si les digo que el delincuente económico más condenado por la justicia española, Javier de la Rosa, fue defendido porque financiaba proyectos y protegía a políticos de nacionalistas, les sonará a Los Soprano o a El Padrino. Si ya en pleno *pecunia olet* encumbran al garbanzo negro de la judicatura, famosos por meter inocentes en la cárcel y luego sacarlos por dinero; concluirán que esa sociedad está en crisis moral. Años después el ya ex-secretario general de CDC, Oriol Pujol, tenía un entramado que cobraba por decisiones administrativas e incluso por "proteger" la deslocalización de multinacionales que se marchan dejando paro en Cataluña. El diagnóstico de esa sociedad es de desahucio. Cataluña desahuciada, Suiza o Andorra enriquecidas con el dinero que depredaron de la economía catalana.

¿Cómo pudo llegar Cataluña a eso? Peor, ¿qué efecto produjo sobre los ciudadanos, esa especie de radiación tratada con argumentos como: "*Som una nació!*" ("¡Somos una nación!") o "*Espanyol qui no boti!*" ("Español el que no salte")? Lo comprobamos cuando Maragall exhibió el espantajo del "*3 por ciento*", se achantó y no pasó absolutamente nada. Los catalanes se volvieron a quedar a oscuras, como con los apagones de Fecsa.

Ni se han vuelto más limpios los hijos; ni sus trapicheos son más sofisticados. Ni la justicia actúa con contundencia mayor, tal vez al contrario. Esa es la razón que motivó el libro que tiene en sus manos. Pasar cuentas de lo que ha pasado en Cataluña con los nacionalistas en los últimos 33 años. Sobre todo tras constatar que la más pequeña *Web* o el diario más influyente cuentan "amb el suport de…" y con el dinero de la Generalitat. Es decir, que no van a contarles cómo CiU es un parásito para nuestro futuro y cómo se han llevado nuestra pasta o *La pasta Nostra.*

Muchos se preguntan qué reflexión hace la clase política (con 300 imputados en España) sobre ellos mismos. La mejor respuesta la ofrece Artur Mas, líder Convergente y presidente de la Generalitat, quien convocó una cumbre anticorrupción (febrero, 2013) para hacer saber a todos, no que hay que hacer limpieza en su casta, sino que "una imputación no es una condena". Mas cree –invocando la presunción de inocencia– que los políticos deben continuar en sus cargos caso de ser imputados; aunque eso mande al carajo el principio de igualdad ante la ley. Olvida que, entre las prerrogativas de los electos, está el privilegio del "suplicatorio". Al fin y al cabo, someter lo judicial al poder del cuerpo legislativo pidiéndole permiso para actuar contra algún miembro de ese cuerpo.

Va por todos aquellos que no tragan y que han defendido la honradez de administradores y administrados. Por aquellos que se han negado a pagar el diezmo, la coima y que han dicho no. Exclúyase a periodistas, fiscales y jueces que estamos obligados moral y profesionalmente a denunciar estos actos.

# Las fortunas en paraísos fiscales

Cuando el tema de conversación no le convenía; Jordi Pujol, solía arrancarse con aquel famoso: *"Avui, això no toca"* (traducible por "Hoy, eso no toca") con el que zanjaba cualquier inconveniencia. Él decidía lo que tocaba; y lo que no. Por eso para Jordi Pujol i Soley, la aparición de un informe policial –desprovisto de padre– en el que se hablaba de cuentas en paraísos fiscales con saldos multimillonarios de él y de su familia; además de su sustituto Artur Mas, asaltaba un principio: el de la invulnerabilidad en el que creía vivir. Tanto su hijo Josep Pujol Ferrusola, como el padre de Artur Mas, regularizaron con Hacienda sus cuentas en paraísos fiscales. Discutimos cantidades, pero no la existencia de estas cuentas y saldos. La peor versión de lo que decía lord Palmerston: "Los políticos no tienen sentimientos, tienen intereses".

El titular de Hacienda, Cristóbal Montoro, razonaba en el Congreso a propósito del tesorero del PP Luis Bárcenas que la "regularización extraordinaria, ni borra, ni limpia delitos"[1]. Los defraudadores se beneficiaron en esa amnistía fiscal aprovechada por Josep Pujol de un tipo medio del 3%, dicho sea de paso.

La manifestación del 11 de septiembre que acabó en medio millón de catalanes pidiendo la independencia, entre ellos Josep Antoni Duran Lleida, con muletas y deportivas de ligón lombardo. Y los posteriores resultados de las elecciones del 25 de noviembre de 2012, que dieron 117 escaños a las fuerzas secesionistas. Eso indignó a muchos. Igual de molestos con los que pretenden romper España, que con los que mantienen un Estado que deja hacer en Cataluña.

Ni el PSOE, ni el PP, han hecho nunca pedagogía política proespañola en Cataluña. Simplemente han dejado hacer antes a Pujol, luego al Tripartito y ahora a Mas. Han dejado hacer, también con la corrupción, que a pesar de ser conocida, ha sido consentida. Cuando no perdonada, disimulada e incluso, a veces, compartida.

Eso tiene mucho que ver con un informe "sin padre" *soi dissant* de la Unidad Central de Delincuencia Económica y Fiscal (la UDEF) que no deja lugar a dudas sobre la implicación de la cúpula de Convergència en el cobro de comisiones ilegales y el desvío de cantidades astronómicas a paraísos fiscales. El informe fue negado por el jefe de la Unidad, su autoría aun no se ha aclarado, pero ha sido defendido por el sindicato policial más próximo al PSOE, el SUP, y lo peor es que ha resultado creíble para los ciudadanos.

---

1 23 de enero de 2013, comparecencia en el Congreso de los Diputados

Creíble e incluso lógico después de aquel: "Ustedes tienen un problema, que se llama 3%" de Pasqual Maragall a Artur Mas, en el Parlament. Después de la resolución vergonzosa y vergonzante del *caso Pallerols*. Después del *caso Palau*; del *caso ITV*; de Alavedra & Prenafeta; y de tantos y tantos casos que han acabado judicialmente en "¡Agua!", parafraseando el juego de los barquitos, con el que crecimos muchos de nosotros.

El informe-borrador de la UDEF habla de "la sorprendente destrucción de documentos incautados por los agentes de diversos cuerpos" [en especial los Mossos]. Y eso es verdad. Ha pasado, con ordenadores, con *disquettes*, con documentos en custodia. Incluso los nacionalistas han franqueado la entrada en dependencias de la Generalitat al supuesto delincuente para que sustituyera documentos oficiales, como en el *caso Pallerols*, en el que se sustituyeron 30.000 firmas de supuestos asistentes a cursos de formación de parados. No pretendo calificarlo pero parece que gobierna Putin, más que de Cataluña.

La UDEF repasa el *caso Palau* y los pagos de comisiones al 4% (al fin y al cabo, Maragall, que hoy sufre el terrible Altzheimer, nunca supo gran cosa de corrupción). Hasta ahí, mero resumen cierto de la realidad en los juzgados, incluso los pagos de 250 en efectivo a Felip Puig, en su casa de Vallromanes. También habla de pagos de empresas como los laboratorios Ferrer Internacional, del fallecido Carlos Ferrer Salat. Y relaciones pecaminosas entre el Palau e Hispart, sociedad vinculada y militante de CDC.

Habla de anotaciones en el Palau "pendiente de pago el 20% de los asignado a Palau, a *JP2* Pujol hijo, sacar en efectivo y entregar en mano en lugar habitual. Su padre ya ha sido informado como siempre". Esto no es la agenda de Tony Soprano, sino datos de la policía judicial obtenidos del ordenador de Félix Millet que custodiado por los Mossos sufrió "un catarro". Tranquilos, que antes clonaron su memoria y la información está en el juzgado.

El informe habla de información anónima recibida y no comprobada, como que el Palau pagó también comisiones a la Fundación FAES (del PP y presidida por José María Aznar) por un millón ochocientos mil euros por las obras del Petit Palau. El otro es una carta que explica y no se da por investigado policialmente porque están "en proceso de verificación".

Según el anónimo y otros datos "facilitados por personas que colaboraron en el transporte de dinero en efectivo a Andorra y Londres, que ahora dicen sentirse engañados". La familia Pujol cuenta con inversiones en Houston, Miami y Delaware (Estados Unidos); en Argentina y México.

Denuncian transferencias para esas inversiones desde el banco privado suizo Lombard & Odier, de Ginebra, donde tiene sus cuentas una Fundación de la que cuelgan 8 sociedades con saldos de 165 millones de francos suizos "cuyos beneficiarios finales son el matrimonio Pujol–Ferrusola y sus hijos Jordi y Oriol. De hecho la UDEF habla de que el dinero de las inversiones realizadas por los Pujol en México, Argentina y Estados Unidos procede de "varias transferencias del banco privado suizo Lombard & Odier", radicado en la rue de la Corraterie, de Ginebra. Allí la UDEF señala capitales disponibles por valor de 165 millones de francos suizos. Aunque la entidad niega "relación" con Jordi Pujol padre.

Es la primera vez en 30 años de periodismo en la que leo un comunicado de un banco suizo. Completamente insólito, los bancos suizos han sido mudos desde que Hans Gamper se vino a Barcelona a jugar al fútbol. ¿Debe ser a instancia de parte, imagino? ¿Lo piden los Pujol? No tienen relación ¿Ahora?, ¿Nunca?

Desprovisto del vistoso "plumaje" que antes vistiera gracias a los petrodólares kuwaitíes, un resentido Javier de la Rosa, de 65 años, se presentaba ante la policía judicial para denunciar que recibió amenazas y presiones de Jordi Pujol (abuelo) desde que apareció el informe policial "sin padre" –que no apócrifo, es decir falso– de la Unidad Central de Delitos Económicos y Financieros (UDEF).

Desde hace años, es De la Rosa quien amenaza a Convergencia con revelar que entregó 10,3 millones de euros al ex President Pujol, directamente. Y otros 15,8 millones a Convergència. En total, 25,8 millones, de los de hace tres lustros, "entre efectivo y cheques". Algunas entregas se hicieron *tête a tête*, Pujol–De la Rosa.

La credibilidad de De la Rosa está "afectadita" desde que engañó a los españoles con aquello de que su padre había fallecido. Qué pena que, un servidor, se lo encontrase por la calle y lo devolviera a la vida[2]. Pero la amenaza es más creíble en estos momentos, desatada la ira de las masas contra la familia Pujol. La misma amenaza –con abonos de comisiones– se la hizo llegar a Mariano Rajoy en 1997.

Él se personó ante la policía judicial porque asegura haber mantenido una reunión con Jordi Pujol en la Cafetería Maroni, a eso de las 19,30 horas del 21 de noviembre de 2012. Supuestamente Jordi Pujol i Soley le reprochó de llevar a cabo una "venganza personal y por dinero" y le advirtió de que se sintiera "vigilado" a partir de aquel momento.

2 El autor lo publicó en *El País* el 25 de julio de 1997

De la Rosa (*JR*) expone que "a través de antiguos abogados suyos [debe referirse a Piqué Vidal o a Juanjo Folchi] para que no mencione a Carles Vilarrubí, a Carles Sumarroca, y a Felip Massot ("el de la inmobiliaria Vertix", explica *JR)*, como receptores de dinero para Pujol y/o CiU. Todos ellos han sido *semper fidelis*[3] a Jordi Pujol padre.

En sus dos "deposiciones" policiales, De la Rosa insiste en que personalmente llevó al Palau de la Generalitat a Thierry Lombard, alto ejecutivo del banco suizo Lombard & Odier, a mediados de 1991, y que allí mismo le abrió cuentas al President Pujol. Valga decir que es creíble, muchos sabemos que De la Rosa entraba al Palau de la Generalitat cuando y con quien le daba la gana. El banco negó "relación" con el ex líder de CDC.

De la Rosa recuerda que pagó comisiones en paraísos fiscales al primogénito de Pujol, Jordi, por la venta del edificio sede de Grand Tibidabo –sito en la Diagonal barcelonesa– a la Generalitat, que ubicó en el inmueble la consejería de Medio Ambiente. La compra se cerró por 24,6 millones de euros y el sobreprecio pagado por la Generalitat se estimó en seis millones y medio de euros.

Este asunto ya fue desvelado durante la crisis de Grand Tibidabo, pero los tribunales "no sintieron interés" por llegar hasta el final. Dice De la Rosa que se lo pidió Lluís Prenafeta, ex secretario general de la Presidencia con Pujol. Pero el "cuco" de De la Rosa incluyó en su declaración a los policías un fragmento en el que advertía de que, si su demanda era aireada, él no la ratificaría. Lo declarado apareció poco después en *El Mundo*, el 13 de diciembre y De la Rosa mandó al juzgado a un abogado con la orden de no

3 En latín significa "siempre fiel".

ratificarse, en lo denunciado en su primera declaración. Muchos se preguntan si no fue el propio De la Rosa el que desactivó el misil que antes había armado o fue consejo de su abogado Francesc Jufresa…

El generoso testigo de cargo añade que puso en contacto a Pujol con Gianfranco Arturo Fassana, conocido *traficante monetario*[4] para que colocara fondos de los Pujol en el HSBC. La UDEF detectó contactos de los Pujol con Fassana desde su oficina central de Cannonica y a través de Rhone Gestión SA, radicada en Ginebra, así como cuentas en el Royal Scotland Bank de Londres, que tendrían "como último beneficiario al propio Pujol, a su hijo Jordi y a Marta Ferrusola".

En mayo de 2009, Gianfranco Arturo Fassana, conocido por sus clientes como "Fafa", fue detenido en el aeropuerto internacional de Barajas. No llevaba dinero encima. Lo reclamaba el instructor del *caso Gürtel* –Antonio Pedreira– como intermediario en la evasión de capitales derivados de los ilícitos de Francisco Correa. Fassana, después de algún "¡Usted, no sabe con quién está hablando!" pidió que le dejasen hacer una llamada (ya le habían intervenido el móvil).

Desde las dependencias policiales llamó a Antonio Hernández Gil, decano del Colegio de Abogado de Madrid en ese momento. Fassana había contado a los policías que prestaba "importantes servicios" a diversas personalidades españolas. De hecho, es proveedor de servicios de evasión de capitales y cuenta con una red de clientes en España y de prescriptores de mucha talla, como Ramón Blanco Balín. Su detención quedó en nada minutos des-

4 Entre otros del egipcio Al Fayed propietario de los almacenes Harrod's de Londres.

pués, con los teléfonos al rojo. Fassana quedó en libertad y voló a la Confederación Helvética o Hermética, como prefieran. Fassana –de nacionalidad suiza– sigue imputado por los delitos de cohecho, tráfico de influencias, fraude fiscal, asociación ilícita, blanqueo de capital y falsedad en la causa. Lo que pasa, es que desde entonces, por aquí, no se le ve. Por cierto, en catalán "façana" quiere decir fachada.

Oriol Pujol, primero, y su propio padre, Jordi Pujol, después, negaron categóricamente tener dinero en cuentas en Suiza. Pujol también lo niega categóricamente. Afirma que tiene fe en todos sus hijos; e incluso visiblemente nervioso, le dijo a la presentadora de *Antena 3* Susanna Griso (sobrina del condenado por Filesa, Josep María Sala): "¿Pero qué coño es eso de la UDEF?" cuestionando seriamente a la policía "política" del ministro Jorge Fernández Díaz. Una vez más, Pujol se había puesto estupendo, al estilo Max Estrella.

El acoso que se atrevió a denunciar Pujol padre en televisión, hubiera sido muy fácil de evitar y ello hubiera extendido una mayor confianza en su honorabilidad. Se trataba de ir, a esa misma cadena, si quiere, con un papelito. "Miren, esta misma mañana he enviado una autorización a la UDEF, para que –sin acudir al complicado mecanismo de la comisión rogatoria entre Estados– investiguen con mi consentimiento si tengo o no tengo fondos en paraísos fiscales". Con ello, este asunto hubiera durado, todo lo más, una semana.

Javier de la Rosa, al final, declaró ante la juez Coro Cillán y reiteró que "llevó a Lombard a la sede de la Generalitat" aunque dijo no tener constancia de fondos de Pujol en Suiza. Lo peor: "Llevé varias maletas con cientos de millones a Pujol". Eso sí, la sabia mano de Francesc Jufresa, su abogado, le llevó a no ratificar la supuestas amenazas que declaró a la policía haber recibido de Pujol padre en la Cafetería.

Sin embargo, algo truculento se intuye porque tres días después del rotundo no del abuelo Pujol, su hijo Josep admite que ha tenido dinero refugiado en un paraíso fiscal, pero según declaró a *El Mundo*, lo regularizó acogiéndose a la amnistía fiscal del ministerio de Hacienda. Josep Pujol Ferrusola, el vendedor de Europraxis a Indra, admite haber regularizado unos 2 millones de euros y descarta cifras mayores que se le han atribuido.

Sea como fuere, es el reconocimiento de una inmoralidad y probablemente de un delito, el de evasión fiscal. Que el hijo del President de la Generalitat regularice, significa que envía en situación de ilegalidad dinero escondido a la Hacienda española… y Hacienda somos todos.

Incluso Josep Pujol apunta coincidencias nominales con Josep María Pujol Ferrusola, "un empresario catalán". También advierte de que su hermano Jordi Pujol Ferrusola, coincide en nombre y dos apellidos con otro empresario catalán. Pero, claro, para eso están los DNI, para que a pesar las coincidencias, las personas puedan ser identificadas.

## Testigo de cargo

"Le dije que era un hijo de puta; porque me comprometía llevando tanto dinero en efectivo en una mochila", declaró a la policía judicial María Victoria Álvarez Martín (VAM) amante del primogénito de los Pujol. "VAM" le acompañaba en viajes a Andorra, México, Londres y Argentina durante los seis años en los que, afirma, mantuvo relaciones con él. Vicky Álvarez declaró este y otros muchos detalles ante la policía judicial el 13 de diciembre de 2012.[5]

Esta hermosa joven fue voluntaria y despechadamente a declarar tras la noticias sobre fondos en paraísos fiscales del hijo mayor de Pujol; explicó que el *modus operandi* de los *raids* a Andorra era "ir en coche desde Barcelona a Andorra (...) dejarlo en un parking, a la entrada, de Andorra la Vella" y citarse después en una cafetería. "La vuelta siempre era en coche, hasta Lleida y luego, con el AVE, hasta Madrid".

A Jordi Pujol Ferrusola siempre le entraba un "gran nerviosismo" cuando iban a Andorra. "Una vez abrí una mochila y dentro había grandes cantidades de efectivo, en billetes de 500 euros. Se lo reproché y él dijo que eran los intereses del dinero que tenían allí". A ella le pareció que estaba siendo utilizada. "Le dije que llevar eso conmigo, me comprometía y que era un hijo de puta".

La amante de Pujol Ferrusola, que militó en nuevas Generaciones del PP hasta 1993, explicó a la policía judicial que "de Madrid nunca volvía el dinero" y que Jordi Pujol hijo y ella pernoctaban en el Hotel Eurobuilding y que él "se veía en Madrid con su hermano Oleguer [Oleguer Pujol Ferrusola] y con el padrino de su hija mayor, que vive por Majadahonda".

La "testigo de cargo" de Pujol Ferrusola declaró que acompañó a su entonces pareja a ver la fábrica de Lotus en Inglaterra (Jordi Pujol Ferrusola es propietario de un clásico británico un *Lotus Elan*)" que se encuentra en Norwich, concretamente en Potasch Lane, Hethel, Norfolk. Llegaron allí en un coche de alquiler desde

5 Publicado por el autor en *La Gaceta*, 11 de enero de 2013

Londres y mientras visitaban la histórica fábrica del motor, Jordi Pujol Ferrusola recibió una llamada de su madre, Marta. Ella comenzó por preguntarle si estaba en Londres. Él dijo que sí. Luego, ("muy nervioso") le confirmó que los 400.000 euros, ya están en donde tienen que estar". Pujol hijo se enfadó cuando ella "le recalcó que hiciese bien lo que tenía que hacer".

"VAM" describe a una familia –los Pujol– implicada hasta las trancas en el trasiego de los fondos a o desde paraísos fiscales. Oleguer Pujol, el hijo pequeño de la familia invierte desde 20 empresas radicadas en Guernsey, una de las islas del Canal, además de Luxemburgo y sociedades que cotizan a un 3 por ciento en las Antillas holandesas. Oleguer Pujol, con negocios en Canarias y Melilla, maneja desde su despacho del número 30 del Paseo de la Castellana de Madrid importantes cantidades de dinero. Uno de sus grandes operadores es Drago Capital, que está participada por los fondos de Luxemburgo Pavane Investments. La otra es Mare Nostrum Capital Managers que cuelga del paraíso fiscal de Guernsey, Isla del Canal (con tributación al cero por ciento).

El pequeño Pujol, Oleguer, nacido en Barcelona en 1972, invirtió 300 millones de euros en una operación de compra y posterior arrendamiento financiero con su promotora Longshore que, en 2008, compró tres inmuebles de Prisa, la editora de *El País* y que le facilitó el ingreso en caja de 200 millones de euros.

Oleguer también compró 1.152 sucursales del Banco Santander en diferentes lugares de España con una superficie superior a 430.000 metros cuadrados.

Drago pagó por ellas 2.084 millones de euros. Su último proyecto es la construcción en Panamá de un rascacielos de 48 plantas de oficina, con hotel de lujo incluido, llamado de Quartz Tower, a través de una empresa de Bahamas en la que Oleguer Pujol posee un 4% del capital. Además, tiene intereses en Melilla, Canarias, Oporto y Lisboa.

"Sufro un acoso horroroso de Jordi Pujol Ferrusola. Aparece a altas horas de la noche aporreando la puerta y armando escándalos (...) son testigos de esos actos muchos amigos míos", afirma la que junto a Javier de la Rosa se ha convertido en testigo de cargo principal de los trasiegos monetarios que el hijo mayor de Jordi Pujol realizaba con paraísos fiscales. "He tenido grandes problemas de ansiedad y este acoso me ha obligado a tratamiento psicológico y psiquiátrico. Siento miedo porque nada menos que el consejero de gobernación Felip Puig es íntimo amigo de Jordi Pujol Ferrusola".

"Su hermano [Jordi Puig] ha sido compañero de despacho de Jordi Pujol Ferrusola, hasta hace un año". Según la denunciante "el último acoso fue un día antes de la boda de su hija" (agosto de 2012). Según ella, "la esperaba en la puerta de su domicilio y entró en su casa donde permaneció hasta las cinco y media". En posteriores contactos, Jordi Pujol Ferrusola habría invitado a cenar a la denunciante, quien lo rechazó, porque ella "con delincuentes no cena". Después de la publicación del supuesto informe sobre la fortuna de los Pujol en paraísos fiscales atribuido a la UDEF por el diario *El Mundo*, la declarante afirma que Pujol Ferrusola la llamó "para exigirle que no hablara con ellos ni con nadie y que no dijera nada malo suyo".

La ex amante de Pujol hijo explicó a la policía judicial que viajó en varias ocasiones con él a Londres. Ella de vacaciones y él "trabajando". Acostumbraban a visitar el despacho de Mount Street, en Mayfair, el conocido barrio londinense que ocupa la última y más cara casilla del Monopoly británico. "Allí se reunía con un hombre bajito de pelo blanco y otro de origen hindú (un blanqueador de dinero en las islas del Canal)". Se refiere al despacho Brandtrige Holdings, que se encuentra en el 128 de Mount Street, una conocida calle peatonal en lo mejor de Mayfair, repleta de bancos, joyerías y anticuarios. En esta sociedad, el propio Jordi Pujol hijo estuvo acreditado como director durante unos meses. En los registros mercantiles británicos, de 2.005, consta su nombre, cargo en esa empresa y la siguiente filiación: "Profesión, inversor privado".

El jefe de Brantridge es el banquero jubilado Herbert Arthur Joseph Rainford-Towning. Herbert es el hombre clave de las finanzas de Jordi Pujol en los paraísos fiscales. *JP2*, Jordi Pujol Ferrusola, se refería a él ante sus íntimos amigos como "el mago Herbert". El personaje, Herbert Rainford-Towning, que estudió en Eton College, trató de actuar con su sociedad Tradeparts en el paraíso fiscal centroeuropeo de Liechtenstein, aunque no se lo permitieron por ser británico, según una sentencia del Tribunal Europeo de Libre Comercio. En la empresa también trabaja Judith Elisabeth White, según los registros de una secretaria, pero que trabajó en Barcelona durante algún tiempo.

Victoria Álvarez Martín, "VAM", afirma que a través de sus contactos conoció, en una comida en el *George Club*, a Rupert Galliers-Pratt, quien le propuso buscar socios españoles para su empresa de telecomunicaciones (…) la empresa madre se llamaba Vístula Communications Services Inc.", radicada "en el 405 de Park Av. New York". El George Club es un exclusivo club privado próximo al despacho de Brantridge, también en Mount Street, en el que se reúnen los principales hombres de negocios londinenses como Sir Martin Sorrell, dueño de parte de *La Sexta* y a la vez de la medidora de audiencias TNS-Sofres.

"Jordi Pujol Ferrusola realizó varios viajes a Argentina en 2008, que tenían relación con la inversión en Puerto de Rosario", que es un puerto fluvial muy importante por el que transitan buena parte de los graneles de hierro y grano del país, camino del Estuario del Río de la Plata. "Creo que él debía aportar 40 millones de euros y sospecho que tenía relación con un contacto suyo en el Puerto de Tarragona. Pretendía ganar 30 millones de euros para él", declaró VAM.

Por cierto, este es uno de los puntos que restan credibilidad al informe de la UDEF, los elaboradores –policías según el SUP– confunden Puerto de Rosario, con Puerto Madero que es un centro lúdico de la capital bonaerense. Como confundir el club de fútbol *River Plate* con Metales y Platería Ribera. ¡Cagada de madero! La UDEF relaciona fondos de la Banque Cantrade de Lausanne, donde según el informe, la familia dispone de tres cuentas numeradas y" dos cajas de seguridad, con número correlativo a la de Félix Millet en el mismo banco.

El contacto era el presidente del Port Autònom de Tarragona (por CiU) Lluís Badia, que había montado un *pool* con usuarios del puerto de Tarragona para adjudicarse Puerto de Rosario en su privatización. Badia fue diputado e incluso senador de CiU. Pero el presidente de Puertos Españoles frustró la operación que acometieron los seis empresarios privados sin Port de Tarragona. De hecho su siguiente presidente, Josep Burgasé, tuvo que ir a Rosario, a desmentir que su entidad tuviera participación institucional y habló de "confusionismo interesado y difícilmente explicable".

Vicky Álvarez acabó declarando ante el juez Pablo Ruz, de la Audiencia Nacional donde ratificó existencia de las cuentas de Andorra y donde el abogado de los Pujol, Javier Melero, la hizo llorar al exhibirle unos mensajes y acusarla de amenazar a Jordi Pujol. Lloró de impotencia porque –según ella– sucedía justo al revés.

En conversaciones con amigas, Vicky Álvarez también se mostraba sorprendida por la familiaridad de las llamadas entre Jordi Pujol hijo y José Mestre, considerado el primer empresario privado de los contenedores del Port de Barcelona. El multimillonario José Mestre Fernández es muy amigo del hijo de Pujol. Como líder del Grupo Mestre formado por 54 empresas entre ellas Tercat. En julio de 2010 fue detenido en una operación antidroga en la que supuestamente iba a ganar el 25% de 202 kilos de cocaína que llegaría a sus terminales de carga desde Colombia. La familia habló de una trampa de la mafia, pero la Udyco lo llevó ante el juez Francisco Andreu y este lo encarceló. Al registrar su mansión de Pedralbes, hallaron seis cuadros de Miró; cuatro de Picasso; un Tàpies y un Nonell. Todos adquiridos en Sotheby's y con sus correspondientes certificados de autenticidad. En el garaje, amontonados: un Rolls Royce; un Porsche Cayenne; un Mercedes SLR McLaren (igualito al de Jordi Pujol Ferrusola); un Range Rover; un Mercedes todoterreno y cuatro *Smart.* Sin olvidar los 12 jamones 5 Jotas y decenas de botellas de los caldos más exclusivos en la bodega y unos 60.000 euros en billetes arrugados para gastos.

Volviendo a las declaraciones de Vicky Álvarez "VAM" [que es amiga de juventud de Jorge Moragas, el diplomático catalán jefe de gabinete de Rajoy en la Moncloa] cuando le acompañaba a México, se alojaban en el Marriott. Era cuando se construía el Hotel El Encanto, de Acapulco (44 habitaciones de súper lujo) y que el propósito de *JP2* era "construir y vender, creo que con un socio, Sergio Kahn[6]. Pero lo que verdaderamente interesaba en aquellos momentos a Jordi Pujol Ferrusola era montar una cadena de bingos y casinos en México, con Carlos Riba Palacio Magaña (conocido mediador financiero) y principal accionista del Casino Royale de Monterrey (México), junto a la familia Madero. También relata que el *hereu*[7] Pujol se dedicaba a la compra-venta de inmuebles en el barrio Polanco y en cercano municipio de Santa Fe.

El segundo presunto tenedor de fondos injustificables en paraísos fiscales, según los datos del informe "sin padre de la UDEF es Artur Mas, el actual President de la Generalitat, a cuyo fallecido padre atribuye el papel de fiduciario de los patrimonios ocultos de los Pujol en paraísos fiscales.

El Fürts o Príncipe de Liechtenstein, Hans Adam II no lo sabe, pero le debe mucho a algunos españoles que han contribuido al fortalecimiento del Producto Interior Bruto de su país, que depende –en una tercera parte– de esos más de 100.000 millones de euros de depósitos extranjeros refugiados allí, a la sombra de las agencias tributarias de media Europa. En especial, la alemana.

Los liechenstetinianos no se dividen entre partidarios del Real o del Barça, sino entre defensores de estructuras fiduciarias blindadas modelo *Stiftung* (unas 75.000); y los que defienden las modelo *anstalt,* o chiringo. Todo el país está en el ajo. Liechtenstein es una gran máquina de ocultación y de blanqueo de capitales. La HM Revenue & Customs (la hacienda británica) entregó a las autoridades españoles un listado de 67 nacionales que tenían en-

6 Las UDEF habla de Sergio Kam y añade el nombre de otro socio: Rafael Aragonés.

7 En catalán, heredero

tre todos unos 73 millones de euros (15.000 millones de pesetas) pastoreados por dos entidades: Merchbank, aquí, y Liechtenstein Global Trust (LGT), en el Principado. Los británicos se hicieron con la lista, gracias a que un empleado de LGT vendió a la policía alemana un CD con los datos.

El presunto fraude fiscal de estos 67, lo instruyó Santiago Pedraz en la Audiencia Nacional durante el verano de 2008 y perseguía delitos contra la Hacienda Pública y de blanqueo de capitales. La lista tenía de todo: desde el millón de euros de Alejando Sánchez Pizarro (más conocido por Alejandro Sanz, el cantante); al padre de Artur Mas, el líder de CiU, con 823.262 euros de presunto fraude. ¿Cómo este minúsculo y montañoso paraíso fiscal atrajo al padre de Mas? Si no hablaba alemán. Si ni siquiera tiene aeropuerto. Si desde Barcelona hay que volar a Zurich (Suiza) y esperar un tren a Vaduz o conducir atravesando los Alpes camino de Austria (80 kilómetros)... será que no hace falta ir para nada.

El mismo problema afectaba a Luis Garí Setmenat (empresario de la náutica); a los vizcaínos Erhardt (históricos del Athleti); a los industriales catalanes: Josep Bas; Jaume Graells y los barceloneses hermanos Clapers. También "luxemburgueseaban" el empresario madrileño Aldo Zanussi (cuatro millones); el valenciano José Luís Martín Carbonell; o el empresario de prensa, Ignacio Fagalde. Mención especial a unos patricios de *oenegé*, pillados en falta como el asturiano, José María Márquez Vigil, fundador de *África Direct*; o Looser Hubert, vinculado a *Child Support Network*. ¡Cuántas preguntas sugiere esa doble condición de evasor y patricio de ONG, a un tiempo!

La lista seguía con el empresario del tenis Francisco Santos Recuero; del presidente de los hoteles Sidi, Manfred Stier; del arquitecto Alfredo Arribas: o del auditor Jorge Serra Murtra. Aparecieron funcionarios con depósitos de más de dos millones de euros, como María del Pino Bello, de Gran Canaria. Casi todos ellos se apresuraron a regularizar su situación con el fisco, porque a todos les pillaron con más de 120.000 euros evadidos.

Pero la trama inversora a través de Liechtenstein dependía en España de tres nombres y de sus despachos: José Ramón Blanco Balín, José Pérez Díaz y Andrés Guillamot Bernardo. Ramón Blanco fue inspector de Finanzas del Estado (se encuentra en excedencia desde 1991), por lo que sus tráficos con Liechtenstein han añadido mucho "morbo" a su figura, como parte integrante de la "industria mundial de la gestión de patrimonios' como eufemísticamente llama a eludir a los fiscos europeos el ministro francés de Presupuestos, Eric Woerth.

La Fiscalía Anticorrupción española les consideró "repatriadores de capitales desde estructuras fiduciarias *off-shore* o administradores de las mismas". Desde que –en 2006– Alemania comprase la lista de defraudadores (por 4,2 millones de euros) a un empleado de LGT, hemos aprendido una nueva manera de luchar contra la fuga de capitales: comprar con dinero o inmunidad al que delata. Francia detectó a más de 3.000 defraudadores de su fisco gracias a la garganta profunda de Hervé Falciani, un informático de HSBC en Ginebra, quien debidamente atornillado por la fiscalía entregó una lista con 50.000 nombres de refugiados en Suiza.

La Hacienda gala entregó a la española otro listado de sus "contribuyentes huidizos" y sorprendentemente las huestes de la entonces ministra de Economía y Hacienda, Elena Salgado, les enviaron un escrito sugiriendo un tratamiento de lujo: 33 veces mejor que a cualquier otro defraudador no incluido en la lista. En síntesis, una pseudo amnistía fiscal. Si lo aceptaban y repatriaban los fondos, la Agencia Tributaria no emprendería acciones penales contra ellos por delito fiscal. Además de asegurarles un coste fiscal privilegiado. ¡Cómo íbamos a exigir coherencia a Salgado, si de joven predicaba la doctrina del Mao!

José Ramón Blanco Balín, uno de los imputados por Baltasar Garzón en el *caso Gürtel* y uno de los pocos que se libró de ir a la cárcel, en tan expeditiva instrucción sumaríal como la protagonizada por el juez estrella contra esta trama, con cacería incluida, era el hombre clave en eso de los paraísos fiscales. Blanco Balín es un *pata negra* empresarial madrileño desde que fuera vicepresidente de Repsol, gracias a su amistad con José María Aznar, y cuando Alfonso Cortina presidía la compañía. De hecho, su papel en Repsol fue relevante, en la compra de la argentina Yacimientos Petrolíferos Fiscales (YPF) en 1998.

El padre de Artur Mas regularizó su problema con Hacienda, por sus fondos en Liechtenstein; condición *sine qua non*: repatriar el capital. La venta del negocio de Artur Mas Barnet supuso 240.000 euros; a repartir entre los dos socios. Y esa cifra, sólo supone una décima parte de los 2,3 millones de patrimonio reunido –supuestamente– en la Unión de Bancos Suizos según atribuye el informe policial "sin padre" a los Mas.

Pero "regularizar" –en latín vulgar, es hacer una declaración paralela y pagar– no significa para nada borrar el pasado y ser inocente. Los inocentes no regularizan nada. Los hechos, no se pueden borrar. Mientras otros pagaban, él evadía y tenía fondos en Liechtenstein y eso no tiene nada de "patriótico" en un comportamiento asocial y poco ejemplarizante, desde luego impropio de la familia directa de un político.

La venta de la empresa de ascensores Mas Goberna i Mosso (Magomo), fundada por el abuelo de Mas, y envuelta en mitad de una crisis, se produjo en mayo de 1980, por 240.000 euros. La compró una filial de Editorial Planeta (Midesa) interesada en el local de la calle Pamplona del Poble Nou barcelonés.

La compradora (que luego se convirtió en Logista) pagó parte en sociedades opacas internacionales. Las explicaciones de Mas, a través de portavoces de CiU, aluden a la venta de otros negocios familiares.

La regularización fiscal del fallecido padre de Mas fue de 1,95 millones de euros[8], pero la UDEF le atribuye saldos en paraísos fiscales por dos millones trescientos mil euros. De modo que la cuenta secreta del padre en Liechtenstein (descubierta a partir del DVD con los titulares españoles en el LGT Bank, el banco de la Casa Real del Principado) que regularizó con la Agencia Tributaria, después de ser pillado, no explica –por sí sola– el volumen de fondos en paraísos fiscales. El informe "sin padre" de la UDEF, que señala a Artur hijo como beneficiario, junto a sus hermanos, de estas cuentas de Liechtenstein, afirma basándose en anónimos que Artur Mas padre actuaba como testaferro de los Pujol en esas cuentas de Vaduz.

La UDEF habla de otra cuenta de Artur Mas i Barnet "en la UBS suiza con la cifra de 2.300.000 euros aproximadamente, sin poder justificar el origen de dicho efectivo, ni declarar actividad lucrativa alguna salvo la de realizar gestiones esporádicas a Jordi Pujol y a Lluís Prenafeta".

8 La declaración complementaria lleva fecha 3 de marzo de 2008 y afecta a los ejercicios de 2003 a 2006

La carrera política de Artur Mas tuvo un ritmo meteórico. Que le llevaron en una docena de años, de joven promesa a consejero jefe y *delfín* de Pujol en 2001. *Too much* para un chico que, cuando estudiaba económicas en la Universidad de Barcelona (en los últimos años de Franco), huía como de la peste de "lo político reivindicativo" tanto como de los *porros*. Él era un estudiante serio y maduro, poco acorde con los tiempos y la edad, recuerda uno de sus compañeros de estudios, el corredor de bolsa Rafael Córdoba.

Fue precisamente *papá* Mas quien introdujo a Artur con Francesc Granell, entonces director de Promoción Comercial y entró en la Generalitat en 1982. No hizo oposición alguna. Cuenta en su favor que no quiso acudir a los teatrillos opositores con los que CiU permitía que los "enchufados" consolidasen plaza de funcionario. Granell lo aupó a la condición de jefe de servicio y le encomendó el desarrollo de las Ferias. Poco después Mas se casaba en La Garriga con Helena Rakosnick, maestra y funcionaria de Transportes de Barcelona.

"Mas es entregado, eficiente y muy competente" le dijo Granell a su sustituto. Por entonces, tomaba clases de inglés y hablaba en castellano con su esposa. Narcís Oliveres le nombró director de Promoción Comercial. Eso le hizo visible en actos sociales de relevancia como los salones de moda Gaudí. Allí conoció a su gran primera valedora, Marta Ferrusola. ¿Veía en él al *xicot maco i seriòs* (chico guapo y serio) joven abanderado de Convergència?

Sentarse en los consejos de Fira de Barcelona le permitió contacto directo con los grandes industriales catalanes de Chupa–Chups a Freixenet, pasando por Javier de Godó, ante los cuales defendía a la pujante Generalitat, contra el viejo Ayuntamiento de Barcelona, muy relevante hasta entonces en lo ferial.

Se hizo militante de CiU y en 1987 está sentado, como concejal en el Ayuntamiento de Barcelona, con Josep María Cullell de jefe de filas. Mas dejó la Generalitat en 1998, con Joaquim Molins al frente del Turismo. Le fichó Prenafeta para diversificar Tipel, por entonces empresa líder en el sector. Mas era el gerente de Vilassar Internacional, con Manuel Prado en la presidencia. Mas y Prenafeta se comían los negocios averiados del hijo de Jordi Pujol, como Geset Afers. Mas diseñó inversiones de Tipel como los supermercados *Orangután*, o negocios en el Port Vell, con la familia Suqué; mientras en el Ayuntamiento crecía.

Jordi Pujol Ferrusola le introdujo en el consejo de La Seda con Rafael Español al timón y Vilarrubí y Vilajoana de "escoltas". "Artur era un tipo que siempre exigía limpieza de propósitos", recuerda otro consejero de La Seda. Lo dejó porque no lo veía claro. Era un tipo honesto. De los que, si juegan a póquer, es para ganar". Artur Mas era el campeón de la ortodoxia, hasta la manifestación de la Diada de 2011. De él decían los hijos de Pujol que es "un egoísta y un engreído".

Pujol decide confiar en Artur Mas, convirtiéndole en consejero de Política Territorial en 1995, precisamente como sustituto de Jaume Roma, dimitido por amistades peligrosas con constructores. A pesar de que los hijos de Pujol pensaran que era "un egoísta y un engreído", Mas fue el elegido por Pujol para sustituirle, por encima de Josep Antoni Duran Lleida y, después de la travesía del desierto que supuso el Tripartito. Ha ganado dos veces las elecciones a la Generalitat. Aunque casi nunca se diga, en las últimas elecciones, los que se abstuvieron consiguieran el 31% del censo, más que la primera fuerza política.

# Los errores del PP

A pesar de que el Centro de Investigaciones Sociológicas (CIS) advirtiera de que la corrupción subía escalones en las preocupaciones de los españoles, una de las primeras decisiones del Gobierno de Mariano Rajoy fue evitar la cárcel a dos políticos de Unió Democràtica de Catalunya (UDC) que la justicia consideró culpables de malversar caudales públicos. Nada iba a cambiar con el PP en el Gobierno, los "pillados" nacionalistas catalanes solucionarían sus problemas con la ley, en despachos políticos. La justicia, si acaso sería convidada a echar el manto de prescripción, exoneración, olvido o laxitud. Así es desde los tiempos del *caso Banca Catalana* hasta el de las "ITV" que afecta a Oriol Pujol.

La decisión sufrió no pocas críticas, sobre todo porque el Gobierno saliente [el de José Luis Rodríguez Zapatero] había decidido –en una de sus postreras arbitrariedades– indultar al banquero Alfredo Sáenz. Rajoy prefirió hacer el favor a Durán y Sánchez Llibre, a revalidar con sus cuatro años de mandato la impresión de que existen diferentes varas de medir. Sin conocerle de nada, el Gobierno del PP indultó al ex dirigente de Unió, Josep María Servitje Roca, ex secretario general de la Consejería de Trabajo de la Generalitat durante los gobiernos de Jordi Pujol.

Servitje fue condenado a cuatro años y medio de cárcel y seis años de "inhabilitación absoluta" por "un delito continuado de malversación de caudales públicos", en 1994, en el entramado que se conoció como *caso Trabajo*. El manto protector de su partido había demorado de 2009 a 2012 su ingreso en prisión con condena en firme. El indulto (contra el criterio de la sala) redujo la censura a su conducta, al pago de 3.600 euros de multa.

Todo en el indulto delata sonrojo. El ministro de justicia, Alberto Ruiz-Gallardón, juró el cargo el 22 de diciembre de 2012. El indulto se aprobó el 17 de febrero; aunque no se hizo público hasta el 13 de marzo, fecha en la que apareció en el Boletín Oficial el Estado (BOE 416/2012). La Sección 10ª de la Audiencia de Barcelona se opuso al indulto por la "especial gravedad de los hechos por afectar al erario público" y no vio motivos jurídicos para defender que los condenados no cumplieran condena.

Así que, para la justicia quedaba probado que Servitge que participó en el desvío de 46.157,73 euros de fondos públicos a través de la adjudicación de estudios plagiados o de nula utilidad. Los recursos ante el Tribunal Supremo del dirigente de Unió contra la sentencia fueron rechazados (abril de 2010).

Cuando un alto funcionario compra estudios, con dinero público, a empresas de "con milites" y, a sabiendas de su nula utilidad para la administración pública a la que representa, se sitúa en la frontera del delito de prevaricación, aunque a estos políticos democristianos, la justicia les trató con algodones y desde un principio sólo se les imputó un delito de malversación.

Rajoy también conmutó la pena de cárcel al empresario Víctor Manuel Lorenzo Acuña, ex militante de UDC, ex cuñado del "dos" de CiU Josep Sánchez Llibre (apóstol del "yo te lo arreglo") y que fue al que se le otorgaron los contratos de esos estudios, a través de sus empresas Gestumer y Socesca, en los que participó Servitje. Lorenzo Acuña era el beneficiado económicamente y, por ello, fue condenado a dos años y tres meses de prisión. Como Servitje, todo se quedó en multa de 3.600 euros.

Esta práctica de los informes a terminales del partido, se llevó a cabo durante el tiempo que Ignasi Farreres (CiU) ocupó la Consejería de Trabajo, entre 1988-1999, es decir tres legislaturas. Farreres fue juzgado y absuelto. Unió protagonizó similares peripecias en el Consorci de Turisme, dirigido por Joan Gogul.

Los errores de Aznar con CiU, no solo fueron los derivados de la falsa confianza del "pacto del Majestic" el hotel de Olegario Soldevila convertido, con los años, en una sede –no embargable– de Convergència, sino de impericias propias. Ese no estar a la altura de lo que se esperaba de Aznar, favoreció que la corrupción de Cataluña prendiera en un territorio de impunidades.

Quizá el más grave de todos esos errores, fue consentir con que el *garbanzo negro* de la justicia española, Luis Pascual Estevill, llegase al Consejo General del Poder Judicial (CGPJ) como hombre del cuarto turno, a propuesta de Miquel Roca y de Jordi Pujol. Lo hicieron para quitárselo de encima en Barcelona, pero lo hicieron. Estevill ya llegó con querellas en su contra. Se incorporó a un CGPJ, enfrentado a muerte entre sociatas y peperos. Pascual

Estevill llegó a ser el fiel de la balanza, crucial para que no se hurgara en el *señor X* de los Gal, por ejemplo.

El voto de Estevill (representante de CiU en el CGPJ) impidió al candidato progresista José Jiménez Villarejo acceder a la sala segunda del Supremo, la cúspide de la justicia penal española. Favor a cobrar en el PP que se encargara de esa sala el candidato de los conservadores Fernando Cotta. A eso dedicaban sus encuentros discretos Pujol y el *juez del puro.*

Pero se trata de un individuo sin escrúpulos, carente de los mínimos factores inhibitorios. Capaz de presentarse como abogado y estomatólogo, sin haber pisado Medicina, enseguida se adaptó. Para alguien capaz que cobraba por meter y sacar inocentes de prisión, en el ejercicio de la toga, "camelarse" a la tropa de Aznar fue fácil. Margarita Mariscal de Gante, José Luis Manzanares y Horacio Oliva, le defendieron hasta que fue condenado –por primera vez– en el Supremo. Todos comían de su mano. Y a eso, su receptador, el abogado Joan Piqué Vidal le supo sacar oro. Ambos Pascual y Piqué fueron condenados por corruptos.

El Gobierno Aznar, y más concretamente, el que fuera ministro de Justicia, José María Michavila, pudo –pero no quiso– arrinconar al fiscal jefe de Cataluña, José María Mena, en 2003. Mena arrastraba, junto a Carlos Jiménez Villarejo, el estigma de haber sido emisor de la querella por el *caso Catalana* (1984) que finalmente fue archivada. Aquel "quemazo" quedó grabado a fuego en la memoria del fiscal. Acusado de "atacar a Cataluña" por acusar a Pujol, fue demasiado para alguien que quería acabar su carrera en la Ciudad Condal. Mena, comunista en su juventud e inequívocamente progresista –como su amigo y antecesor en el cargo

Carlos Jiménez Villarejo quedó mermado para una actuación sin complejos contra los corruptos de CiU.

El fiscal Mena no supo sacar ni astillas de los casos Planasdemunt (1994); Pascual Estevill; o Javier de la Rosa; que vio pasar ante sí. Los resolvió con faenas de "aliño" y tratando "no pisar callos", hasta su jubilación en 2006. Diez años silbando ante lo que era muy conocido en la calle: los métodos de CiU. Mena se jubiló con la Cruz de Sant Jordi en el pecho. Se la pusieron los amigos del Tripartito, en 2010 y él la aceptó.

A veces los "errores" del PP con la corrupción catalana han tenido que ver con el compartir "bebederos" podridos, como el dinero de Javier de la Rosa, que presumía de ser un gran comprador de la "barata carne de políticos".

Cuando el tipo más condenado de la historia empresarial española, Javier de la Rosa, comenzó a ser un problema para Jordi Pujol, una de cuyas mayores torpezas fue nombrarle "empresario ejemplar", era difícil distinguir entre la actitud de CiU y la del PP. El partido de Aznar y de Rajoy también defendió a De la Rosa.

Tal vez por el manuscrito de Enrique Lacalle en el que agradecía los envíos de 20 millones de pesetas. "Aunque tú me hablaste de 50, para tu información me han dado 20" se quejaba Lacalle, dando a entender que alguien del PP en Madrid sisaba los envíos a las campañas del PP catalanas. "Te agradecería que la ayuda complementaria que me ha dado Madrid, me la dieras directamente en Barcelona" redondeaba el escrito. La carta era del 13 de mayo de 1997, en esos tiempos el jefe de filas del PP catalán era Jorge Fernández Díaz.

Más tarde, durante la oposición a Zapatero, el PP de Rajoy tuvo "condicionantes" que explican su nula contribución positiva a eso de no escribir con renglones torcidos el combate de la corrupción en Cataluña. La *operación Gürtel* apretaba el zapato de los populares. Eso y el desparpajo de ese gran negociante de Cartagena, que es Federico Trillo (al que Rajoy entregó por completo la materia) hicieron que cargos clave de Cataluña, fueran moneda de cambio de otras presidencias "estratégicas" en otras regiones escenarios judiciales de la Gürtel. ¡Qué suerte!, debieron pensar Duran y Sánchez Llibre.

En los despachos del poder barcelonés se instaló la idea de que lo "conseguido" a los feroces socialistas de Felipe González y Alfonso Guerra, se podría mantener con el gobierno del señor de bigotes de Valladolid, que presumía de hablar catalán en la intimidad. De hecho en los tiempos más recientes, los archivos y documentos de Félix Millet, el artista del Palau de la Música, han aparecido invitaciones y agradecimientos posteriores de los Aznar a encuentros en la casa de los Millet, en Fornells (Menorca). Aznar y Botella estaban quizá guiados por esa absurda inferioridad que suele mostrar la derecha española ante la burguesía catalana y sus centros de poder.

Por cierto, un anónimo más incorporado al informe de la UDEF habla de comisiones pagadas por el Palau a la Fundación FAES, que preside Aznar, por las obras en el Petit Palau de un millón ochocientos mil euros. Estas comisiones, afirma el anónimo, son la contraparte ilegal de los aportes público que el Gobierno del PP dio en su día al Petit Palau.

# El clan Pujol

La impunidad, entendida como excepción en el castigo (del latino *impunitas*) es la clave sobre la que se asienta el control que CiU ha impuesto sobre Cataluña incluso en tiempos de oposición con el Tripartito de Pasqual Maragall o Josep Montilla en el Govern. Incluso entonces relevantes empresarios, incluso directivos de multinacionales eran "invitados" a aportar fondos a CiU a compensar "cuando volvamos al poder". A los que no quisieron jugar a eso, se les advertía que pagarían caro su error. Incluso hoy, cuando todos saben que los concursos y adjudicaciones llevan un pago previo en los dos partidos clave de la política catalana, hay empresarios amenazantes porque han pagado y no han recibido obras, por culpa de la crisis. Sólo con impunidad garantizada uno se atreve a pedir la pasta. Rota la "presunción de impunidad", se acabaron los *do ut des* (doy para que me des).

Esa misma impunidad explica que los hijos del mismísimo Jordi Pujol estén criados en el "Usted no sabe con quién está hablando" más genuinamente franquista. Los "pollitos" de Jordi Pujol son hoy multimillonarios, han utilizado la influencia de papá y la han empleado en esquilmar a Cataluña y sus recursos, para proyectarse en España y el mundo, como inversores y hombres de negocios. De aquel Jordi Pujol Ferrusola que vendía viejas camas de hospitales catalanes en Cuba, junto al socialista Didac Fábregas (ambos tuvieron que salir por pies de la Isla, porque las camas estaban rotas), al multimillonario de hoy, se ha producido un milagro, media docena de milagros económicos… y en la misma familia. ¡Inaudito!.

Jordi Pujol gobernó Cataluña 23 años seguidos. Con su imagen en el *Telenoticies nit* crecieron generaciones de catalanes. Los socialistas le criticaban, pero casi nunca a campo abierto. Durante unos años, de ese largo tiempo; Alejo Vidal-Quadras le plantó cara. Pujol, tuvo oposición. Hasta que José María Aznar le vendió atraído por "la sirena" del catalanismo moderado. Al final, en 2006, la bella sirena escondía al iracundo Artur Mas quien se comprometía –ante Notario– a no pactar con el PP.

El abuelo Pujol fue un gran ingeniero social, no solo con la inmersión lingüística, sino incluso acaparando competencias absurdas, que nadie comprendía, como las prisiones. Se trataba de que los catalanes visualizaran un país, de ficción –caro– pero un país distinto. Era más importante ver un *mosso d'esquadra* en la hierba del Camp Nou, que dotar a esa policía autonómica de brigada anti-atracos. Ver a los *mossos* subidos a motos BMW, les hacía "mejores" a la guardia civil. Así con todo, la *TV3* y la publicidad que atronaba: "*Un pais de qualitat*".

En ese maquillaje tuvo mucho que ver lo publicitario que dependió muchos años de las genialidades de Joaquín Lorente, luego de Lluís Bassat y los chicos de Tiempo BBDO. El caso es que la Generalitat de Pujol, sólo era 10 veces menor que *El Corte Inglés,* en lo que toca a las campañas de publicidad.

Sin embargo, y a pesar de ser hijo de banquero, los Pujol eran unos burgueses austeros. Eran explícitamente católicos y explícitamente tacaños. El patriarca presumía de no llevar dinero en el bolsillo y, cuando se encaprichaba de un libro, pedía el favor a alguien del séquito que cubriera el dispendio. Pujol nunca durmió en su residencia oficial, sino en su domicilio de la bulliciosa Ronda del General Mitre, de Barcelona. Su casa solariega en Queralbs o el Maresme también son discretas, predio del vino en tetrabrik. Sobre todo si se las compara con esa estatua erigida al *Conducator* catalán, en Premià de Dalt.

Los Pujol no eran ricos, ricos, de los que tienen palco en el Liceu y casa con embarcadero en la Costa Brava. Doña Marta siempre fue señora de su casa, de las que *extenía la roba* (que tendía la ropa de su hogar), con siete hijos y un marido obsesivamente dedicado a Cataluña. A doña Marta incluso le quedaba tiempo para montar negocios de plantas hidropónicas, tirando de talonario de su influencia política, pero con la avidez propia de quien no es rico de cuna y se mueve por dinero.

"Oiga joven, usted es el director de esta empresa que nos hace la autopista de Manresa. *Oi?* Y tiene esta oficina tan desangelada.... Mañana mismo le mando a unos técnicos de Hidroplant que lo arreglen..." Luego venían: la factura por las plantas y la de mantenimiento, como si se tratase del oasis de Tamanrraset. Los "sablazos" de doña Marta –con el fiasco de la renovación del césped del Camp Nou, incluido (en 1995) no eran sostenibles y la compañía murió, dejando su pringue deudor en las saneadas cuentas de Aguas de Barcelona, cuando Ricardo Fornesa era su presidente.

Pero, detengámonos un segundo para reflexionar: ¿Se imaginan al marido de Angela Merkel; que, por cierto, se llama Joaquim Sauer (apodado *sparfuchs*, por su afición al ahorro), cobrando por cambiar el césped del campo del Borussia o del Bayern? ¿O al marido de Esperanza Aguirre haciendo lo propio en el Bernabeu? Son cosas "singulares" de la Cataluña en manos de Convergència.

A la sombra del apellido y aprovechando las condiciones climáticas de impunidad y el clientelismo que ofrecía el Oasis catalán, los hijos de Pujol se enriquecieron. Hoy viven del rédito de unos negocios cuestionados o derivados de la influencia de su padre. La mayoría de los hijos de Jordi Pujol viven –entre lujos– lejos de lo que para ellos fuera "su finca". Esto es, Cataluña.

Uno de los primeros viajes políticos de Pujol, en la precampaña autonómica de 1980, fue a México D.F. Se trataba de ganar influencia y votos entre la influyente colonia catalana allí. El viaje fue sencillo y discreto. Años después, en 1986, Pujol volvió y ofreció un piscolabis a la prensa mexicana en el hotel colonial del Zócalo. Un "plumilla" mexicano que presumía de ser del Distrito Federal (o sea "*chilango* de corazón"), preguntaba a los periodistas catalanes: "Y pues, parece que va mejor en Cataluña, ¿no?". Ante las caras de extrañeza, confesaba: "Es que yo estuve en la primera visita de "don Jordi", en el cóctel, pero… ¡Híjole, ni unas patatas fritas!".

La cara de Pujol cuando vio aparecer a los inevitables Mariachis con el de guitarrón, fue inenarrable. A pesar de no ser lo suyo, ¡Destino esquivo!, al final la familia se le enraizó en la tierra del PRI y de Emiliano Zapata. La nieta Mercè Pujol Gironès, hija del *hereu* familiar, se casaba en Santa María del Mar (la Catedral del Mar) con un riquísimo heredero mexicano, Ignacio García de Quevedo, hijo de uno de los empresarios más cercanos a Carlos Salinas de Gortari, el ingeniero Xavier García de Quevedo Topete (Grupo México). Esta familia es propietaria de las minas de cobre de Cananea, en el estado de Sonora. Una de las gloriosas cunas de la Revolución mexicana. Son los dueños además de tres compañías ferroviarias; entre un millar de cosas. La nieta se enamoró del mexicano gracias a que su padre Jordi Pujol Ferrusola se afincara en México por "prescripción facultativa" al llegar al poder el Tripartito en 2003.

La ayudó a mexicanizarse Gustau Buesa, líder de un grupo empresarial dedicado al tratamiento de residuos y a su tratamiento que empezó en Lloret y se expansionó en México. Jordi Pujol Ferrusola (Barcelona, 1958) es el único de los siete hermanos Pujol que había nacido cuando su padre fue encarcelado. Su padre se perdió verle crecer en sus tres primeros años de vida. Compañero escolar de Felip Puig; una beca de La Caixa le permitió pasar por la Universidad de Nueva York, donde compartió *alma mater* con Juan Antonio Samaranch Salisachs (hijo del hombre del Comité Olímpico Internacional). Un tipo listo de los que supo regatear a Javier de la Rosa, desde el minuto cero. Al volver, representó al First Boston National Bank, cuando los bancos hacían comerciales a los chicos de buena familia. De ahí, saltó a la empresa de la familia Prenafeta, Tipel, la peletera. Alternaba *JP2*[9] con ruinosos escarceos en negocios. Antes de entrar en el Olimpo gracias a las influencias de su padre.

El primogénito de Pujol, ahora separado definitivamente de Mercè Gironés, se abrió pronto camino en México. Dejó en una

9 Así le llamaban en la administración autonómica: "Jordi Pujol Dos"

nave su colección de automóviles clásicos y puso tierra de por medio. México es todavía más un país de relaciones y *JP2* se atrevió con un hotel de lujo en Acapulco. Se llama:"Los Encantos" y tiene espectaculares vistas al Pacífico. Una aventura que comparte con dos socios: Sergio Kan y Rafael Aragoneses. Ahora cuando va a Barcelona, mueve los Ferraris, y mora en el primer "pisito" de la calle Muntaner, de cuatrocientos metros cuadrados.

Quién lo iba a decir de aquel aprendiz de ejecutivo enchufado en el departamento internacional de las sillas Figueras; luego en Tipel, la peletera de los Prenafeta en julio de 1984, que hizo sus primeros pinitos en Estados Unidos, de la mano de Manuel Prado y Colón de Carvajal. Pero sus "negocietes" particulares no funcionaban. El Juzgado 12 de Barcelona ordenó el arresto de Jordi Pujol Ferrusola como consejero de la sociedad Hot Computer, que eludió con una fianza, tras la quiebra de la sociedad. Antes el *hereu* había quebrado Hitech General Consulting. Estos fracasos le orientaron a replantear su futuro como "conseguidor" ayudar a empresas para obtener adjudicaciones como las de RWE Ibérica de Saneamiento, a la que asesoró.

El llamado *JP2* despertó curiosidades malsanas, muchos presagiaron que sería el Talón de Aquiles del patriarca Pujol. Una organización ilegal formada por un coronel del CESID, Fernando Rodríguez *Romeo,* y un agente del espionaje español, Mikel Lejarza *Lobo,* fueron investigados en el marco del *caso Godó.* La portada de *Diario 16*, del 27 de noviembre de 1993, lo adelantó. "La red de escuchas ilegales espió a Narcís Serra, Durán i Lleida y al hijo de Pujol". Se refería a Jordi Pujol Ferrusola que volaba ya como un ave de rapiña por el feudo convergente. Ya se había hecho con comisiones de edificios comprados por la Generalitat, como los que denunció Javier de la Rosa (entre 150 y 200 millones de pesetas, a pesar que él diga 500 millones)[10] y algunos otros más.

En el curso de la investigación tuvo que prestar declaración el jefe de los espías españoles, Emilio Alonso Manglano, en calidad de testigo. Su prestigio se vio muy empañado tras la peripecia de sus hombres. Incluso el de sus escoltas, que para evitarle comparecer ante la prensa, encerraron durante horas a dos obreros de la construcción que trabajaban en el interior del Palacio de Justicia de Barcelona (23 de diciembre de 1993). El Conde de Godó los mantenía en su equipo de seguridad –tal vez eran infiltrados del CESID– pero por su cuenta extorsionaban a empresas y pincharon un centenar de teléfonos, algunos de interés para el Conde editor de diario más influyente en Barcelona.

Dos años después, Jordi Pujol hijo montaba Farc, S.A., junto a la mujer de Prenafeta [Lluïsa Mas] y el entonces secretario general de CDC, Pere Esteve Abad. Llama la atención que el joven Pujol aportase 340.000 pesetas a una sociedad dedicada "al estudio de los métodos de producción y la comercialización, fabricación y servicio de toda clase de mercancías y tecnologías relacionadas directa o indirectamente con la mejora de las condiciones productivas del hombre". Un prodigio de objetivo transversal que hoy te devolverían en el Registro Mercantil. La firma Farc debía producir robots con patente japonesa pero acabó "salvada" en manos de una tercera, gracias a los oficios de Pere Esteve.

*JP2* presumía de llano al moverse por Barcelona con una moto vieja. Sin embargo, vivía como un millonario gracias a los negocios que le permitía el "ser vos quien sois". Tuvo palacete en Pe-

10 *"JR El Tiburón"*, de Manel Pérez y Xavier Horcajo. Temas de Hoy, 1996. Pág.110

dralbes; luego lo perdió al separarse de Mercè Gironés hace unos dos años. Esta mansión, sita en los primeros números de la calle Monederos de Pedralbes, es mayor que la de Iñaki Urdangarín y la Infanta Cristina. Solo el garaje puede dar cabida a 19 autos y varias motos a la vez. La espaciosa cocina está coronada por tres grandes neveras y rivaliza con la mansión de Falcon Crest. De ahí que *JP2* tuviera que volver al pisazo de la calle Muntaner. Le perdió su "adicción al sexo", según comenta a sus amigos que conocen a varias de sus conquistas. "El montañismo y el esquí le gustan, pero las tías le vuelven loco", afirma un amigo de su juventud con el que jugaba al rugby.

Si se quedó con una de las colecciones de coches clásicos mejores de España, compraba arte como un nuevo rico en Londres. Todo levantado a la sombra de su despacho, en la calle Ganduxer, 5, de Barcelona ("el nido del cuco", como le llamaban algunos). Un lugar muy concurrido por aspirantes a concesiones, obras y negocios derivados de la Generalitat.

Por allí pasaba de todo y de todo se sacaba algo. Desde las emisoras de radio, al medio ambiente, las centrales de ciclo combinado, el arte, el golf o la sanidad. Un sin parar. Una máquina de producir dinero, interrumpida bruscamente cuando CiU perdió el poder. Eso le impulsó a hacer las Américas, a su pesar.

De hecho, cuando Artur Mas reconquistó la Generalitat para CiU, *JP2* hizo el intento de volver. Pero Mas le hizo saber que no contaban con él. Germà Gordó y David Osácar, se ocuparon de los asuntos "sensibles" como recaudar el dinero pro-causa de Convergència. Jordi Pujol Ferrusola tuvo uno de esos arrebatos de enfado que explican sus amigos, propios de una "personalidad bipolar" según reveló su ex amante despechada, Vicky.

La verdad es que sus relaciones femeninas siempre fueron complejas. Mercè Gironés, la que fuera su esposa le echó de casa. Jordi se había liado con una prima suya, una hermosa azafata. Aquello rasgó de un tajo a la familia Gironés. De la separación se encargó Isabel Márquez, abogada y luego pareja de Joan Piqué Vidal. Se mascaba la tragedia. A finales de los ochenta, se hablaba de centenares de millones de pesetas. Al final, Piqué y Prenafeta recompusieron su matrimonio con Mercè Gironés, de la que acabó separándose muchos años después y después de varias rupturas anteriores.

Otra mujer, Vicky Álvarez Martín, denunciaría ante la UDEF que el primogénito de Pujol la maltrataba, "física y psicológicamente", cuando –después de una relación amorosa, de esas de hotel y sexo que duró varios años– se negó a acompañarlo a Andorra a ingresar fajos de billetes de 500 euros en la Banca Mora. Esta joven explicó que lo de la "bolsas de dinero" se le hacía cuesta arriba y siempre dio por sentado que el dinero procedía de comisiones por "trasiego" de influencias. Vicky me pareció una mujer "de armas tomar". Me contó su bronca, cuando salió despedida de ONO, pero me pidió consejo por otro asunto, "Porque tú, has publicado muchas cosas de él", sobre dónde poner su denuncia por malos tratos. Contra mi consejo, lo hizo en la policía autonómica, que la archivó con gran eficacia. Ya en un ambiente de cierta confianza, le pregunté a la bella Vicky "¿Pero tu que le ves a este tío?" y ella me explicó que era: "una bestia en la cama". Así que *JP2* "bragueta ilustre".

Como un recuerdo superado de aquel incipiente ingreso al club de los ricos, queda una nave en Olesa de Montserrat, repleta de Lamborghini, Ferrari y demás símbolos del lujo ( más de un millón y medio de euros en tornillos y plancha)[11] y fama de mujeriego. Como le apasionaban las carreras, organizó el *Team Cat*, una escudería con la que junto a su amigo Carles Vilarrubí participó en algunas ediciones de las 24 horas de Le Mans (modalidad clásicos) con un estupendo Porsche Carrera 6, que luego vendió.

Otrosí, Jordi Pujol y R. Termes salían un primero de enero de 1997 rumbo al París-Granada-Dakar. En el capó del Nissan, cedido por Echevarría Puig, figuraba una "C "gigante, sobre las cuatro barras; y un patrocinio de los *semper fidelis* de Gallina Blanca, los Carulla. Como si se tratara del hijo de la Thatcher (que se perdió en el Rallye) o del de Carlos Menem.

El despacho de Ganduxer, 5 daba tanto de sí, que contrató despacho en el exclusivo barrio londinense de Mayfair, desde donde *el mago Herbert* le movía la pasta por los paraísos del mundo. Así hasta hacerse con buena parte del negocio de terminales de Puerto de Rosario (Argentina) a orillas del Paraná y a tener inversiones en diferentes lugares de Estados Unidos.

La ex esposa de *JP2*, Mercè Gironés sigue administrando buena parte de los negocios del primogénito, a pesar de la ruptura. Negocios que fiscalmente aconseja Víctor Manuel Lorenzo Acuña, cuñado de Josep Sánchez Llibre y condenado en el *caso Treball* (luego indultado por el ministro Alberto Ruiz-Gallardón, en marzo de 2012). Los rendimientos de los negocios internacionales o nacionales del matrimonio Pujol-Gironés siguen uniendo a la pareja. Así debe interpretarse que, aparentemente cada uno por su lado, hayan creado sociedades holding en España con la misma

11 Publicado por el autor en *La Gaceta*, 23 de diciembre de 2012

aportación de capital social: 7,6 millones de euros ( más de mil millones de pesetas).[12]

Antes que la nieta; otra hija de Pujol, Marta (Barcelona, 1959), dejaba de ser aparejadora en el Maresme, para emparejarse con el arquitecto de Jalisco, José María Esperalba. Su despacho también se benefició de varias adjudicaciones de la Generalitat. Mientras que la hermana pequeña, Mireia Pujol (Barcelona, 1969), se declara independentista y abandonó los estudios de Periodismo, atraída por la danza clásica y contemporánea. Hoy dirige un modesto negocio de fisioterapia y su hermano mayor Jordi la llama "mileurista", con ánimo de burla.

Siguiendo con la dinastía, Pere Pujol Ferrusola (Barcelona, 1965) también tiene problemas en Fiscalía. Los tiene por un informe medioambiental que su empresa, Entorn, S.L., hizo para la adjudicataria de una licencia de parque eólico en Prat del Compte. La empresa desarrolla sus actividades "en dos países: Cataluña y España", dice en su documentación. Actualmente, Pere Pujol está detrás de una macroplanta de residuos en Forallac, en el Bajo Ampurdán, denuncian los vecinos que están en plena batalla en contra de los negocios de cuarto de los hijos del ex presidente.

Entorn forma parte del grupo empresarial Emte, de Carles Sumarroca, un convergente de los primeros tiempos. Un *pata negra* y, claro, uno de los industriales catalanes más favorecidos por las administraciones de papá-Pujol: suministros eléctricos, sanidad, cárceles, construcción, medio ambiente, vinos… de todo[13]. Los Sumarroca tienen lo más parecido a un *Chaebol*, o

12 Las empresas se llaman: Irigem 2012, S.L, la de ella; y Active Translation,S.L, la de él.

13 Del autor *Diario 16*, 17 de agosto de 1994

conglomerado empresarial coreano. Por cierto, la lentitud con la que la justicia catalana aborda los asuntos de los convergentes protege, como la neblina a los piratas, a la familia Sumarroca. Hace siete años que Fiscalía abrió una investigación sobre la adjudicación de obra pública de la Generalitat a la empresa Teyco, una de sus mayores empresas. Cómo no, Jordi Pujol Jr, fue también asesor de los Sumarroca.

En 1994, Pere era ya apoderado de Entorn y había conseguido más de 70 millones de pesetas en contratos de la Administración de su padre. El cuarto de los Pujol trabajaba para Carles Sumarroca Coixet y ordeñaba con saña los consejos comarcales controlados por CiU. Les vendía censos ganaderos y cosas "altamente tecnológicas". La esposa de Sumarroca fue socia de Marta Ferrusola en los negocios de plantas Hidroplant.

El segundo hijo varón de los siete del *clan Pujol*, Josep (Barcelona, 1963) también le debe su actual vida de millonario aficionado a los caballos, al apellido. Josep era uno de los tres socios de la consultora Europraxis y se la supo vender a Indra, en el año 2.001. Con la operación se metió en el bolsillo más de seis millones de euros. Al comprador le dijeron algo así como: "Si quieres hacer algo en Cataluña compra Europraxis". Y lo hicieron.

A Indra no le fue mal. Logró buenos y grandes contratos de la Generalitat 13,8 millones de euros del concurso por "modernizar la gestión tributaria"; 3,4 millones "para mejorar la regulación del tráfico". Además de contratos en el Port de Barcelona controlado por Convergència o en La Seda de Barcelona de Rafael Español. Así hasta mantener contratas en Cataluña por valor de 60 millones de euros al año (cifras de 2002) lo que hacía rentable los 44,4 millones de euros invertidos en la compra de Europraxis.

Al segundo del *clan Pujol* se les estiman activos de 9,5 millones de euros. Su sociedad, Monte Tahat, controla 6,8 millones de patrimonio neto. Los accionistas, Josep Pujol y su esposa, Laura Vilà. Una de esas propiedades es un "casoplón" en Latour de Carol (Francia) a escasos kilómetros de Puigcerdá y de la casa de JP2 en Bolvir de Cerdanya (*Cal Jan*). En 2005, en mitad de una reforma de la casa, la policía francesa detuvo a un trabajador magrebí [Ridume Elurma] acusado de recaudar dinero para Al Qaeda.

Hoy Josep se divierte con los caballos y con su amigo Alejandro, hijo de Juan Echevarria, pasa los veranos en su casa de Cap sa Sal (Costa Brava) y representa a Indra en viajes internacionales. En febrero de 2012, la Sindicatura de Cuentas catalana denunciaba la destrucción de 12 contratos públicos con Europraxis, en el Instituto Catalán de la Salud. Los contratos llevaban fecha entre 1996 y 2002. ¿Imaginan por qué se destruyeron?

A ratos administró Distrex Ibérica, fabricante de tiritas, esparadrapos y preservativos; otra sociedad de Josep: Cientific Management, protagonizó otro escándalo por percibir 124.000 euros de la Generalitat por un informe sobre los surtidores de gasolina, ¡Esos grandes desconocidos!

Hubo una buena bronca política en Cataluña cuando descubrieron que Josep Pujol asesoraba con una consultora a la empresa de componentes eléctricos de Cervera Lear que cerró y dejó a 1.280 personas en la calle. Su hermano Oriol era a la sazón secretario general de Industria. Pero la gran aportación de Josep Pujol al soberanismo o al secesionismo (que es lo mismo) fue su adscripción a Madrid cuando Artur Mas forzó la maquinaria fiscal y decidió convertir Cataluña en un "infierno fiscal"[14]. Aprovechando que tiene una oficina en la calle Zurbano de Madrid, el segundo hijo de Jordi Pujol se empadronaba en "Madrit" y se listaba en la Agencia Tributaria de la madrileña calle María de Molina. En otras palabras decidió, formar parte de la "España que nos roba", uno más de esos odiosos españoles que "oprimen a Cataluña".

Este "patriota" prefiere los beneficios fiscales que le reporta el Gobierno de Esperanza Aguirre e Ignacio González a vivir en el *nostre país* y que sus impuestos ayuden a Cataluña a pagar su deuda pública. Mientras su familia siguió empadronada en Barcelona, él se volvió español atraído por el imán de unos impuestos menores. Han sido decisiones políticas de CiU y de Artur Mas las que hacen que el IRPF de los tramos más altos sea del 56% (el tipo más alto sólo superado por Suecia y Aruba) y del 51,9 en Madrid, cuatro puntos menor. El impuesto sobre el patrimonio no se aplica en Madrid, en Cataluña sí (incluso se ha bajado el límite exento a 500.000 euros. También las transmisiones patrimoniales son más caras en Cataluña que en Madrid. ¿Le han llamado traidor los independentistas? La respuesta es no.

A Jordi Pujol (padre) se le conocieron pocas frivolidades. Una de ella, sin duda, que le montaran una cena con Carmen Sevilla a la que, por lo visto, adoraba en su juventud en febrero de 2000. En aquellos días andaba el President bajo de moral al ver que los alemanes –a pesar de la reunificación y la caída del Muro– de daban "boleto" a Helmut Kohl.

Quizá otra fue cuando decidió que la capilla del Palau y los salones góticos de la Generalitat fueron el marco de un bautizo

14 Del autor y Jesús Andrés en *La Gaceta*, 18 de enero de 2013

colectivo de los Pujol. Daba la sensación de que eran una dinastía y de que la Generalitat era su palacio. De un lado, la familia bautizó a los gemelos Pere y Joan de Pere Pujol y Mayka Zorita; de otro a Ramon, hijo de Josep y Laura Vilá. Todo entre algodones y peladillas de privilegio. "Mi finca", a la catalana. Eso sucedía en los 2000 cuando los coches oficiales que llevaban a Pujol a sus viajes por los Países Bajos carreteaban bulbos de tulipán para Hidroplant.

Josep Pujol Ferrusola se aburrió y decidió irse a Madrid, ya con los bolsillos llenos, gracias a la venta de Europraxis. Rafael Ribó, líder de Iniciativa denunció su participación activa desde Mercados y Gestión de Valores en la OPA de Endesa sobre su filial catalana Fecsa, un asunto que costó una sanción a los hijos de Echevarría Puig por *insider trading* o uso de información privilegiada. Josep también hizo negocios con Alfredo Fraile; el comunicador y socio de Javier de la Rosa.

Pero para un Pujol obsesionado por ser discreto, su momento loco es el que describía el periodista norteamericano Jon Lee Anderson (el biógrafo del Che Guevara), cuando andaba por Panamá de trabajo de campo. Anderson trataba de entender el *boom* inmobiliario en Panamá City y recorría el país. Anderson se dio de bruces con dos tipos muy llamativos. Uno parecía sacado de Blues Brothers, era *John* Rosillo; el otro Josep Pujol, que recorrían en helicóptero las propiedades disponibles en Panamá.

El miembro del *clan Pujol* que la familia dejó en la política, Oriol (Barcelona, 1966) estaba ya en semifinales para ser candidato a President de la Generalitat. Oriol Pujol acudía, sin ser consejero, a los consejos de Gobierno del ejecutivo catalán. Intervenía en las deliberaciones. Luego, *el pare* le nombró secretario general de Industria. Oriol entró en la ejecutiva de CDC, como Franco decidía que Martínez Bordiú fuera el cirujano estrella de La Paz. Justo después de acompañar a Joaquim Molins en el fracasado intento de hacerse con la alcaldía de Barcelona ante el flojo de Joan Clos. El *fill de l'amo* tuvo otra oportunidad.

Aunque más bien parece que los pasos que le gusta seguir son los de su hermano mayor Jordi en eso del comisionismo. En la hoja de ruta del *clan Pujol*, ya debería estar compitiendo para ser President. Curiosamente, la manifestación del 11 de septiembre de 2012 (determinante de la deriva de Artur Mas hacia el secesionismo); las elecciones de noviembre 2012 y la convocatoria de referéndum secesionista; obligarán a los Pujol a renovar el *ticket to ride* a Artur Mas y retrasar sus planes.

Poco se ha cuidado el que fuera secretario general de CDC salpicado en dos escándalos con dinero de por medio. El primero de ellos tiene que ver con su amigo Sergi Alsina (compañero de master, en IESE) y su consultora, Alta Partners. Ambos se hicieron construir unas hermosas villas contiguas en Urús (la Cerdanya), ambas elevadas sobre un terraplén y en franca vulneración de las normas urbanísticas, según denuncian los vecinos.

Resulta que tres multinacionales (Sharp, Sony y Yamaha) pagaron a Alta Partners por un trato de favor en la deslocalización de esas empresas de Cataluña. La esposa de Oriol, Anna Vidal, es consejera de Alta Partners. La consultora debía buscar otras empresas que asumieran instalaciones y trabajadores de los que se marchaban de Cataluña, además de asegurar cierta protección política en la salida. Cinco millones de euros por los tres encargos. En la Generalitat se quejan amargamente de que fueron funcionarios los que ayudaron a esas empresas a irse "en paz", a cambio de dinero para Oriol Pujol y Alta Partners.

Sergi Alsina fue uno de los detenidos, en marzo 2012, en relación con la trama de las ITV (Inspección Técnica de Vehículos) que deriva de las escuchas policiales al empresario gallego Jorge Dorribo, imputado central en el *caso Campeón.* ¡Vaya minutas pagaban a los amigos de Oriol Pujol por irse con bien! Uno de los mensajes –en poder de la policía– enviada por Oriol a Sergi Alsina, dice: "Sergi, mañana me tendrías que decir dónde envía Anna las cuatro facturas del trabajo hecho en noviembre y diciembre".

Oriol Pujol y Sergi Alsina diseñaban juntos un nuevo mapa de ITV para Cataluña que debía beneficiar a un entramado empresarial afín, ya posicionado en el sector. En alguna de las grabaciones policiales se refieren a él, como "el primo de Zumosol" y ello le costó su imputación y dejar el cargo de Secretario General de CDC.

El *petit*, Oleguer Pujol (Barcelona, 1972) se hizo famoso por llevar la antorcha olímpica por la Cerdaña con pancartas de: "*Freedom for Catalonia*". También fue acusado de ser unos de los protagonistas del boicot al rey Juan Carlos en la inauguración del Estadio Olímpico. Así lo insinuó el socialista catalán Joaquim Nadal en la campaña electoral de 1995. Poco antes, en mayo de 1993, Oleguer fue detenido, aunque no por asuntos políticos como el *pare.*

Fue en un centro de estudios de la Vía Augusta barcelonesa, donde entró de forma ilegal, con una amiga. Tenía 21 años, una edad para hacer "manitas". Una chiquillada, sin duda. El *petit* hizo un máster en dirección de empresas y ya es multimillonario. Se le calcula un patrimonio inmobiliario y turístico de unos 382 millones de euros. Su padre se desgañita, perdón, se esfuerza en explicar que una cosa es lo que gestiona y otra lo que tiene, pues bien, tiene unos 382 millones de euros y gestiona más de 2.100[15]. Ahora, entre sospechas de que trae buena parte de los fondos que invierte de paraísos fiscales. La ex novia de su hermano Jordi dice que a él le entregaban los fondos de la familia que provienen de Andorra.

Oleguer, casado con Sonia Sons, se dedica a la gestión inmobiliaria, pasó de Europraxis y Morgan Stanley a gestionar Drago Mediterranean Holding, matriz en Amsterdam. También preside la inmobiliaria Longshore, que compró importantes inmuebles al grupo Prisa en Madrid y Barcelona y al Banco Santander. ¿Se imaginan ser el casero de Juan Luis Cebrián?

Hoy, el *petit* de los Pujol reside en la odiada Madrid, tiene oficina en el Paseo de la Castellana y negocios en Oporto, Cádiz, Lisboa, Melilla, Marruecos y Canarias. Oleguer invirtió con sus socios 6,2 millones de euros en una obra faraónica, en Panamá, la Quartz Tower, un proyecto de rascacielos de 48 plantas, que ahora está frenado por diferencias entre socios. Oleguer Pujol abandonó el consejo de Drago Capital para "perder visualidad" aunque mantiene el 50% de la sociedad. El *petit* Pujol también aprovechó como su hermano Josep la amnistía fiscal de Cristóbal Montoro para regularizar, en su caso, 3,1 millones de euros. Otro hermano millonario. Su otro brazo inversor es Mare Nostrum que está en la Isla de Guernsey (Canal Island) y cuelga de varios *holding* de Luxemburgo. No está mal para alguien de 40 años. Debe ver el mundo como Gordon Gekko desde su despacho de Castellana, 30, Madrid (España) ya saben: "Lo que importa es el dinero, el resto es conversación".

15 Publicado por *El Mundo*, 27 de diciembre de 2012.

En fin que la mayor parte de los hijos de Pujol son multimillonarios, viven la *dolce vita*, aunque no se justifique su éxito social más que por la sombra de su padre. Como decía Vinicius de Moraes, "A tonga da milonga do kabuleté".

Los olímpicos

La noche del 16 al 17 de junio de 1992, los hijos de Jordi Pujol guardaban vela y ensayaban con antorcha en un caserón de la Cerdaña. Con el humo de la "torxa" y los ensayos para las fotos y aquellos atuendos blancos refulgentes, parecía una reunión de kukuxklán, aunque sin capuchas. Los cachorros de Pujol querían –como el resto de los jóvenes de su edad– rendirse a las emociones de los Juegos Olímpicos, pero no podían hacerlo a la vista de todos, por varias razones que luego explicaremos.

Todos los hijos del President Pujol y de Marta Ferrusola, menos Marta hija, se habían citado para participar en los relevos de la antorcha olímpica de los juegos de Barcelona '92. Ellos buscaron unas carreras desiertas, en la comarca pirenaica de la Cerdaña, para ser poco vistos y para que Oleguer, quizá el más independentista, junto a su novia y un amigo desplegaran el "Freedom for Catalonia" a su paso y una bandera catalana. Antes que él Jordi, el mayor, Josep el segundo, Oriol, en fin todos menos Marta, dieron el relevo como desgarbados atletas. No les gustaban aquellos juegos con los Reyes, los socialistas de Pasqual Maragall; y aquel Juan Antonio Samaranch, al que todos reverenciaban.

Además Oriol estaba en una especie de libertad vigilada familiar por sus anteriores excesos. Cuando se inauguró el Estadio Olímpico de Montjuïc, él y Marc Prenafeta (hijo del secretario de Pujol en la Generalitat) aparecieron en las fotografías de los boicoteadores del acto. Aquella lluviosa tarde dejaron en evidencia a su padre, mezclado entre las autoridades [los Reyes, Javier Solana, era el ministro de jornada]. Mientras ellos, desde encima de la tribuna, silbaban al Rey y desplegaban las banderas, unos 1.300 que introdujeron en el Estadio días antes, en un acto de sabotaje premeditado que puso colorado a papá Pujol y que obligó a la Generalitat a disculparse ante el Rey. Pujol sabía que iban a hacerlo, aunque no imaginase que llamasen tanto la atención. Lo consintió como siempre. Con el independentismo, manga ancha.

Al nene Oleguer, que tenía 20 años, le tocaron la cresta en casa y le dijeron que si quería hacer el "borinot" (aunque literalmente sea el macho de la abeja, en uso coloquial significa en catalán hacer el burro), se fuera a la Cerdaña. Los hermanos tenían el corazón dividido y decidieron acompañarle; y llevar la antorcha. A los hijos de Pujol les gusta mucho el montañismo. Jordi subía picos épicos, el propio Oleguer subió con su madre el Montblanc. Cuando eran jovencitos los mayores Pujol llevaban chavales más pequeños de acampada a las montañas. El padre de uno de ellos se quedó de piedra cuando al ir a recoger a sus peques, les preguntó: "¿Tenéis miedo por la noche? "No". ¿Y que hacéis cuando está oscuro?, ¿A qué jugáis?". Los niños le explicaron: "Jugamos a matar castellanos". ¡Glups!, de repente recordó que él también lo era… Sus hijos no volvieron más.

# El “nido del cuco”

Las antenas de Convergència vieron en seguida la oportunidad. Aquello de la Feria de Abril en Sant Adrià de Besós (luego en Can Zam, Santa Coloma), movía masas. Masas de andaluces afincados en Cataluña dispuestos a reunirse, a las palmas y al rebujito. Dejaron los “ascos” a un lado y acudían siempre –especialmente en campaña electoral– a hacerse los interesados, ¡No quiero, ni pensar lo que dirían al llegar a sus catalanísimos hogares! De esta expectativa quien sacó más provecho fue Justo Molinero, el locutor de Radio Taxi, bañado en concesiones de emisoras por el *pujolismo*, una vez que se puso de su parte. Las emisoras de Molinero se gestionaban, cómo no, en el despacho de Jordi Pujol Ferrusola de la calle Ganduxer.

Aquello empezó con cosas pequeñas, casi todas salían mal. Como relanzar la firma del tío Josep Ferrusola, Geset Afers para acabar en “fallida” en 1988 o Terasaki. *JP2* se asoció a Carles Malfeito, sobrino de Macià Alavedra, y a los Sumarroca, para

–a partir de una empresa del ex diputado de CiU, Josep Garrell– vender material eléctrico. Claro, con 111 millones de pesetas de la Caric pública. Eso si con dos patas negras de CDC al frente Jaume Rosell Sanuy y Jaume Pujol Garriga. Terasaki recibió sustanciosos contratos de suministro, por ejemplo a TV3. Ahí comienzas sus negocios de golf con Lluís Basiana (Intradex Golf); o de mensajería Catex Express o de informática con la quebrada Hot Line Computer. Con Artur Suqué Puig, el capo de los Casinos en Cataluña, abordan la exportación de maquinaria textil con Hi-Tech General Consulting. Cerró en 1992 y dio pie a una ridícula reunión mía con Pujol en la que le expuse que su hijo había provocado un roto económico a algunas familias votantes de Convergència, en la creencia de que Jordi Pujol padre era una especie de yogui hindú que desconocía las andanzas de su hijo mayor. El me escuchó, miró despectivamente los papeles que me llevé y me despidió con un mohín. Fue la última vez que estuve a solas con Pujol en su despacho de trabajo, el de la mesa oval.

Ya con Rafael Español, presidente de La Seda, se dedican a la venta de carbonato cálcico con Reverté Eurocalci, ambos la abandonaron después de fracasar en la construcción de una gran cementera en Clariana. El espíritu de los Pujol sigue actuando a favor de Reverté, que a pesar de incumplir la normativa medioambiental no ha sido clausurada.

*JP2* metió a los Sumarroca en el grupo de empresas Tipel de los Prenafeta. Pero ahí el *hereu* descubre que lo mejor es la influencia y consigue para un tercero el incinerador de Constanti. Los Sumarroca con EMTE en UTE con Basf se llevaron los 12.194 millones de pesetas de las obras. Aquello (ser comisionista) era, sin duda, mejor que ser empresario.

Me recuerda aquella película de Madonna y Sean Penn, *Shanghai Surprise*; ella pretende que su viejo padre chino le enseñe al golfo de su novio las virtudes del comercio. El padre le hace un *training* y al final, Penn dice: "El comercio está bien; pero es mejor robar".

Una de las operaciones más criticables del despacho de influencias dio lugar a una de los registros de cuentas suizas detectadas por la UDEF, tiene que ver con una antigua operación de Jordi Pujol Ferrusola, su actividad como marmolista. En 1991, cuando Barcelona preparaba su aeropuerto para los JJ.OO. de 1992 y este proyecto se encargó al arquitecto Ricardo Bofill, la constructora FCC contrató como suministradora de los mármoles griegos de las paredes y andaluces destinados a los suelos, a la sociedad Natural Stone, propiedad de José Manuel Gómez Salgado.

Esta empresa, que suspendió pagos en 1995 con un pasivo de 320 millones de pesetas (Juzgado de Primera Instancia número 47 de Barcelona) tenía una filial: Natural Stone Marketing Centre (ahora Iniciatives, Marketing i Inversions), que reunió como socios en el negocio de los mármoles a Gómez Salgado y a Jordi Pujol Ferrusola, que fue vicepresidente de esta firma y la abandonó en 1996. Su entonces esposa, Mercè Gironés, continuó como administradora única. El apoderado a Jordi Puig, hermano del consejero de Medio Ambiente, Felip Puig.

El negocio no pudo ir peor. Los más 100.000 metros cuadrados de mármoles travertinos porosos que alfombraban el suelo del Aeropuerto de El Prat, no resistían los golpes y rodamientos de los carritos repletos de maletas. Se rompían como si fueran de turrón. Aquello llamaba la atención [16] y obligaba a la propietaria AENA a

16 El autor publicó el desaguisado en *El País* (27 enero de 2000)

convocar concursos anuales de reposición de mármol dañado por unos 100 millones de pesetas/año con cargo al contribuyente.

Durante algún tiempo, AENA contrató trabajos para rellenar los poros con resina sintética, pero aún así se rompían "Estos mármoles son apropiados para paredes, pero no para suelos, por muchos tratamientos con resina que se les dé".

JP2 se lo llevó crudo, se le toleró y los españoles pagamos su enriquecimiento con los presupuestos públicos de AENA.

Pujol Ferrusola no tenía escrúpulos ideológicos. Por eso se asoció al socialista Didac Fábregas *El Pájaro*, para vender camas hospitalarias en desuso a la sanidad cubana. Cuando los de Fidel Castro analizaron el producto vieron que les engañaban y ambos salieron de la Isla perseguidos. Otra vez con Didac Fábregas, pero ya en Cataluña *JP2* descubre el saneamiento y a la alemana RWE dedicada a infraestructuras de medio ambiente. Fábregas había sido director general de Política Autonómica con el ministro Tomás de la Quadra. Juntos se dedican a las depuradoras desde un lujoso despacho de la Rambla de Cataluña barcelonesa. RWE obtuvo la licencia en exclusiva de recogida de aceites industriales de Cataluña, entre otras ventajosas adjudicaciones del Gobierno de Papá Pujol. En 1998, Rafael Español le coloca en el consejo de Hispano Química y todo le va viento en popa. Incluso convierte a Gustau Buesa en hombre fuerte del tratamiento de residuos en Cataluña. Buesa será con el tiempo su *compadre* en México.

Pero el 14 de diciembre de 2003, toda da un vuelco. Pasqual Maragall cierra el ilógico Tripartito con Esquerra e Iniciativa. Es el pacte del Tinell. El poder cambia de color después de 23 años de *pujolato*. Poco después en el Parlament, Maragall advierte a Mas "Ustedes tienen un problema, es el 3%". Mas no pierde un minuto en defender la inocencia de CiU, ni siquiera hizo el intento "formalmente le pido que retire esa expresión". El "valiente" Maragall se levantó y dijo: "accedo a su demanda". Y desde entonces, mutis.

Pero las horas de "el nido del cuco" estaban contadas. "Jordi, quítate de en medio. Maragall con Carod y Saura... Van a ir a por ti", le dijo un abogado amigo llamado Albert.

Antes de irse a México, el primogénito de Jordi Pujol ya era multimillonario como titular del despacho de influencias en la calle Ganduxer. Por eso dejó en una nave una verdadera escudería de autos, algunos clásicos, y otros modernas joyas de mercado en la actual industria del motor. En total, un millón y medio de euros, según los expertos consultados en estos espectaculares objetos del deseo para los amantes de la velocidad; para otros amasijos de tornillos y chapa.

Al *Ferrari* 328 GTS de 1989, considerado de "alto valor" entre coleccionistas por ser el último modelo diseñado por Enzo Ferrari[17], hay que añadir otro Ferrari "F-40" también muy cotizados. Los Ferraris cotizan a unos 150.000 euros, cada uno. Con uno de ellos, el "*hereu*" Pujol se dio el capricho de participar dos ediciones de las 24 horas de Le Mans, junto a algún amigo de CiU, como Carles Vilarrubí, al que su relación con los Pujol llevó al consejo de Telefónica, en épocas de Juan Villalonga.

Pero el que tiene dos *Ferrari* (en algún momento tuvo más) también tiene dos *Lamborghini.* En este caso un "Miura" y un "Diablo", ¿será porque la gente a menudo los confunde? Estos cotizan algo por debajo de los 100.000 euros cada uno. Hasta ahí,

17 El Ferrari 328 GTS vio la luz, de mano del autor, en *La Gaceta* el 18 de diciembre de 2012

parecen los gustos de un crack del fútbol, de un *playboy* a la antigua o de un magnate ruso.

Hay algunos otros caprichos "deportivos" como un *Lotus* "Elan", un clásico del automovilismo británico que cotiza por unos 60.000 euros. Como no, esta colección no sería ejemplar sin modelos de la marca bávara *Porsche.* La "escudería Pujol" eligió dos tradicionales: el 911-S y el precioso 356 Super 90 XJ.

Sin duda, con la pretensión de hacer más madura la colección, Jordi Pujol Ferrusola, acusado por una amante, Victoria Álvarez, de ser un maltratador "físico y psicológico" y de llevar bolsas con fajos de billetes de 500 euros, supuestamente a la Banca Mora de Andorra, según publicó *El Mundo.* Se compró con un *Mercedes* SLR McLaren, de 626 caballos, del que sólo se fabricaron 1.700 unidades en todo el mundo. Su precio ronda los 300.000 euros. De este auto hay fotografías aparcado en el Hotel de París de Monte Carlo, justo al lado del Casino. A ese *Mercedes*, le acompaña otro excelente modelo 320 SL descapotable de la misma marca. Jordi Pujol Ferrusola (Barcelona, 1958) también se hizo con dos *Jaguar* B Type 3,8 Roadster, estimados en unos 120.000 euros cada uno.

Sin duda, por un detalle sentimental –tal vez recuerdo de algún familiar– la colección cuenta con un *Seat 600*, el primer coche de muchos catalanes. El suyo es el "E" como el del protagonista de "*Cuéntame, como pasó*", la popular serie televisiva.

Al que le gustan los coches, le suelen gustar las motos. Por eso, Jordi Pujol Ferrusola, que intermedió todo tipo de operaciones de la Generalitat presidida por su padre, conserva una *Bultaco* "Sherpa" y una *Suzuki* "Ux150", con la que solía acudir a sus citas en Barcelona, para no levantar sospecha de sus riquezas. Mover este "parque móvil" exige disponer de una nave donde conservarlo adecuadamente y de remolques. El que fuera conocido en la administración catalana como "JP2" dispone de dos remolques uno con y otro sin plataforma. Así como de una furgoneta *pick–up* Nissan 2,5.

Ahora, las apariencias le importan muy poco. Vive codeándose con los más ricos de México, como sus socios en el hotel El Encanto, de Acapulco (uno de los más caros del país); o sus consuegros, titulares del Grupo México. Pujol Ferrusola vive pendiente de las llamadas al despacho del elegante barrio de Mayfair desde el que mueven su dinero de paraíso fiscal de las Islas del Canal a Delaware o a Suiza. Por no hablar de sus inversiones en el puerto fluvial argentino del Rosario, uno de los más activos en graneles del subcontinente americano. La inversión se acometió a través de Inter Rosario Port Services, S.A.

El *nido del cuco* era centro de distribución de obras y contratas. Por allí pasaba todo o incluso por función delegada de *JP2* se hacía arreglos en fases menores de obra pública e infraestructuras. El gran favorecido por Convergència ha sido FCC, gracias a la habilidad de su representante en Cataluña, Jordi Piera Coll, actual director general adjunto de construcción del gigante FCC. A Jordi Piera se le conocía dentro del sector como el *constructor en cap* (el constructor jefe). Para que ustedes calibren su influencia, vale las pruebas aportadas por la Guardia Civil a los juzgados de Barcelona sobre prácticas de cártel y maniobras de reparto con otros constructores de licitaciones para asfaltado de Gisa en Girona. Se trataba de repartir 283 millones y las maniobras de reparto suponen vulneración de la competencia, según la Guardia Civil, naturalmente activada por competidores desesperados.

De las relaciones con Ferrovial, deja sobrado rastro el *caso Palau*. Otros constructores como Construcciones Miarnau, propiedad de Jordi Miarnau; Construcciones Rubau, de Jordi Rubau; o la Copisa de Josep Cornadó. Todos ellos muy afines a Convergència y a los Pujol. Por encima estaba Piera y FCC metido hasta el tuétano en concesiones en el Eix del Llobregat; del Ter; Eix Transversal; o la concesionaria D'Aro; participadas a través de Cedinsa.

Tal vez el segundo constructor más afín a CDC sea Jordi Miarnau, su constructora de origen ferroviario, acabó por salir en auxilio de EMTE la empresa de contratas de suministros de la familia Sumarroca, *semper fidelis* de Convergència, con graves problemas de digestión de las contratas que recibe de la Generalitat, por ejemplo, las de la Ciudad de la Justicia de Barcelona. La Ciudad que construyó Ferrovial y que derivó un 4% para el Palau.

Al actual líder de EMTE-Miarnau, Carles Sumarroca, le queda tiempo sin embargo para tratar de dar un golpe de mano a la patronal catalana, Foment del Treball. Construía alternativas contra Joan Rosell (considerado pro PP) y su sucesor Joaquín Gay de Montellá. CiU se frota las manos ante la posibilidad de control de la patronal catalana. Para ello se creó *FemCat*, una plataforma que presidió hasta 2012 Carles Sumarroca y que "candidateó" a Joaquim Boixareu como alternativa para Foment. Luego Boixareu resultó *tocado* por el *caso Urdangarín* y las andanzas empresariales del Duque de Palma.

Hemos hablado de la obra pública, de los suministros, pero también hay promotores afines al nido del cuco. El caso más llamativo es el de Felip Massot, amigo personal de Artur Mas que construía barrios enteros, por ejemplo en Sant Cugat y otros municipios de control convergente. Las recalificaciones ayudaban a Vertix, la promotora de Massot y Massot era un pilar del poder convergente en lo suyo, aunque hiciera negocios con Caixa Catalunya, en tiempos de Narcís Serra, como presidente.

El coleccionista de arte catalán Felip Massot, además de ser un gran culé, dio tremendo pelotazo con la recalificación de los terrenos del Mas Blau en 1989 y su posterior venta del fondo holandés Rodamco, nueve años después. Aquello tuvo sus "aromas de corrupción" y el magistrado gallego Jesús Corbal, hizo declarar a Antoni Subirá durante 4 horas ante el TSJC, por haber prestado avales de la consejería de Industria, a Massot.

# Tres décadas de soluciones mágicas

Eran las siete de la tarde. Los 41 magistrados que debían decidir sobre el procesamiento de Jordi Pujol por el *caso Banca Catalana* hicieron un receso antes de votar. Era el momento de adelantar alguna conclusión sobre la votación. La desconfianza flotaba en los inmensos pasillos del *noucentista* Palacio de Justicia barcelonés. ¿Cuál era la influencia del incipiente poder autonómico sobre los magistrados? ¿Habrían sido influidos desde fuera de la Justicia? ¿Apoyarían a los fiscales "rojos" Mena y Villarejo?

Llevaban reunidos desde las 10 de la mañana, sus caras –cuando salieron a almorzar– eran un poema. Al volver, estaban nerviosos. Tal vez por el "paseíllo" entre las cámaras. En el Palau de la Generalitat, aún peor. Pujol estaba obligado a dimitir aquella misma noche si decidían procesarlo. El aliño político había dejado extenuados a los principales colaboradores del President Pujol. Pero la última palabra debía llegar del salón de los Pasos Perdidos, el primer lugar donde afloraría la decisión.

Cierta astucia periodística me llevó a montar guardia junto al muro de los alivios más próximo al salón donde estaba reunido el pleno. Dejé pasar la primera oleada de togados que entró al baño de caballeros, cuando el muro se despejaba llegó el abogado penalista coordinador de la defensa de Pujol, Joan Piqué Vidal. Le pregunté, como si estuviera en el secreto: "¿Todo va según lo previsto?" Sonrió y –en voz baja– añadió: "¡Mejor, incluso!"

Yo sabía que Piqué había alardeado en un encuentro con Lluís Prenafeta y otros, mantenido en el Restaurante Orotava, de tener la situación bajo control, mientras daba cuenta de un costillar de venado. Pero los afectados no acababan de creerle, como por ejemplo el propio cuñado de Pujol, Francesc Cabana.

Piqué, que era profesor de Derecho Procesal, era famoso por sus aproximaciones a determinados jueces. Los dos primeros jueces condenados en España por cohecho, Joaquín García Lavernia y Carlos Lorenzo Penalva, recibían encargos y dinero de Piqué. Favores y viviendas a los recién llegados daban a su despacho una inmerecida superioridad.

Pero la magia de Piqué funcionó. Los magistrados cerraron con su no la primera gran operación judicial contra un político que se enrocó en la bandera y se fajó en una agria y sucia pelea con los socialistas, que finalizó con un apaño de aroma siciliano. Ganaron Piqué y Prenafeta. El segundo supo manjar con astucia el haber producido libros *ad majorem gloriam* del President y organizarle la *Tv3* de *Dalla*s, se confirmó como un gran instrumento de masas, amplificando la señal del mensaje: "Esto es un ataque a Cataluña. Todos con Pujol".

Prenafeta consiguió además un triunfo: convencer a la Zarzuela de que lo de Pujol era un atropello. La línea de *Prena* con

Sabino Fernández Campo, jefe de la Casa Real, funcionó. Luego al conde de Latores le otorgaron la Cruz de Sant Jordi. Incluso los "mimos" a don Juan de Borbón dieron frutos. Todos sugiriéndole a González que era un error.

Hasta Miquel Roca, entregado sin reservas al salvamento del gran líder pero mal banquero, conseguía pequeños éxitos en limar a los descamisados del socialismo. Para entonces, Miquel Roca estaba preterido en el partido-movimiento de Pujol al cargo de "secretario general por delegación" y el abogado hubo de tirar de la condición de "padre de la Constitución" para tratar de hacer ver a González la inconveniencia de un proceso *dreyfusiano* anticatalanista.

Roca consiguió que González y Pujol pactaran, el 4 de septiembre de 1986, por encima de orgullos enfrentados. Pujol tuvo que saltar sobre sus propios prejuicios expresados y aquello de "no le volveré a creer nunca jamás". González se lavó las manos –como viejo laboralista– y le dijo en la cara al ex banquero que no se sentía responsable de lo sucedido. Pero el pacto *pastelero* funcionó. De hecho iba a abrir una nueva dimensión a los delitos de nuestros políticos y a su tratamiento en los juzgados. Con el *caso Catalana*, la joven democracia perdió la inocencia.

A las 19,30 el presidente del Pleno, Jaime Amigó, emitía con nula solemnidad y voz trémula un texto de compromiso. "No ha lugar el procesamiento –dijo–. No hay indicios razonables de criminalidad por parte del aforado". Treinta y tres votos sustentaban esa posición, ocho creyeron lo contrario. Se sorteaba así la primera gran afrenta al *fair play* en la Transición. Es verdad que el procesamiento de Pujol estuvo sometido a mezquinos intereses políticos del PSOE; pero no lo es menos, que las maniobras para que no fuera procesado, fueron aún peores y retorcieron nuestra joven democracia.

La decisión de los magistrados desmontaba las pretensiones de la Fiscalía General del Estado y de los fiscales Carlos Jiménez Villarejo y José María Mena, que influyeron en el instructor, Ignacio de Lecea, para que los documentos falsos descubiertos por los servicios del Banco de España incriminasen al Jordi Pujol banquero. Su responsabilidad no había sido siquiera objeto de expediente por parte del Banco de España. Pero ahí estaba, a un paso del banquillo.

En su exoneración de responsabilidades, fue providencial la donación –aconsejada por Piqué– de las acciones que Jordi Pujol poseía de Catalana a la Fundación Catalana, poco después del anuncio de profundizar en la inspección de la entidad.

Coincidiendo con la "Díada" del 11 de septiembre, dimitía Burón Barba, dejando paso a Javier Moscoso, que llegó con el mandato imperativo de "¡Arréglalo como sea!" Por contra, el PSOE premió a Carlos Jiménez Villarejo con el cargo de fiscal jefe del Tribunal Superior de Justicia de Cataluña. Y al Fondo de Garantía de Depósitos (nutridos con fondos de la banca) el "agujero" de Catalana le iba a costar 83.027 millones de pesetas.

Reflexionando sobre como se llegó a aquello, hay que recordar que, en un principio, para el PSOE de Alfonso Guerra y Felipe González, se trataba de sacudir a Pujol en plena campaña electoral. Catalana les venía al pelo. Guerra había denunciado favores a Pujol y Banca Catalana por parte de la UCD. Así consiguieron la mayoría del Banco Industrial del Mediterráneo, por ejemplo. A Guerra le costó poco que los terminales mediáticos socialistas presentasen a la entidad financiera como " en suspensión de pagos" en junio de 1982, justo antes de las elecciones generales que llevaron a González a la Moncloa. Por ejemplo, TVE–Sant Cugat hablaba de "la difícil situación económica de Banca Catalana". Eso, sumado a las dificultades propias, pusieron a la entidad al borde del abismo y la alejaron de una integración en la Caixa, que ofrecía Josep Vilarasau.

Con el PSOE en el poder, mantuvieron la soga en el cuello de Pujol, aunque con disimulos. Tanto Narcís Serra, como Felipe González, conocían por los últimos ejecutivos antes de la intervención (Eusebio Díaz Morera y Jordi Mercader) que Catalana tenía un agujero de 132.000 millones de pesetas. Sin embrago en la campaña para las autonómicas de 1984, el propio González reprochaba a Pujol haber perdido 270.000 millones de pesetas. Guerra aun afinaba más el argumento demagógico. ¿Y pretende la derecha poner a un Presidente [por Pujol] que ha producido un agujero de 250.000 millones?", preguntaba retórico.

Presentada la querella contra Pujol, Narcís Serra le daba garantías a su ex colega de despacho Miquel Roca de que encauzaría la situación, de que le daría la vuelta a la sed de sangre del *guerrismo.* Los planes de Serra coincidían con los consejos del Monarca, que intercedió a favor del President Pujol invocando abiertamente "intereses de Estado". Sin embargo, el ministro Miguel Boyer llevó los papeles a la Fiscalía y las cosas se pusieron fatal para Pujol.

Pero en abril de 1984 ocurrió algo excepcional. Pujol revalidaba su victoria en las urnas. Sacó 29 escaños más y una desahogada mayoría absoluta. Literalmente barrió a Raimon Obiols, el candidato del PSC. Los socialistas no daban crédito. No le habían erosionado lo más mínimo. La operación de acosos y derribo había fracasado. Hubo dudas, el propio Felipe González le decía en persona a Pujol que "estuviera tranquilo", pero al mismo tiempo mandaba a Juan

Antonio Ruiz de Alda poner boca abajo Banca Catalana, utilizando como argumento la "pérdida de depósitos" a la cual no eran ajenos los pronunciamientos de los líderes socialistas. Al final el Gobierno del PSOE acabó por intervenirla el 3 de noviembre de 1982.

La intervención se hizo con los métodos típicos de esa época: anuncio previo en *El País* e, inmediatamente después, la Fiscalía General del Estado (de Luis Antonio Burón Barba) como buen vasallo, servía a su señor. No les importó que Pujol llevara siete años alejado de la entidad. Que la operación pusiera en riesgo el encaje de Cataluña en España; aún menos que en otras intervenciones análogas nunca se había llevado a nadie ante los tribunales. Los bancos entonces vivían crisis de caballo producidas bien por alocados procesos de crecimiento; por los extratipos que pagaban por su pasivo, o por el lastre de sus grupos industriales. Lo de Pujol fue excepcional (luego hubo más casos por el estilo).

Los métodos del PSOE con Pujol llevaron a que destacados izquierdistas catalanes, como Manuel Vázquez Montalbán, se pusieran del lado del ofendido. Ilustres banqueros, como Alfonso Escámez, se ofrecieron para contar al tribunal que las *cajas B* para pagar extratipos a los clientes eran práctica de uso común en los bancos que mantenían negocios industriales que había que financiar.

Es verdad que en la operativa de Catalana había zonas oscuras, difíciles de explicar como esa decisión del consejo de repartir 516 millones de pesetas de dividendos, cuando la Banca presentaba ya fuertes pérdidas, como denunciaron los fiscales. Pero en mitad del lío se perdió de vista el balance de la entidad, sus dividendos, que auspiciara proyectos ruinosos como la Gran Enciclopedia catalana; las alocadas decisiones de compra de entidades o los activos ficticios… todo quedó reducido a si perseguir a Pujol, constituía o no un ataque a Cataluña. Y los que pusieron ese cebo, ganaron la partida: Pujol y Prenafeta enrocados en la bandera.

Jaleado por su entorno íntimo, Pujol se defendió. Demostró ser un hombre duro, entre otras cosas, pasado por la cárcel de Torrero, condenado en pleno franquismo. Pujol fue sacando el colmillo a fuer de repetirse que "Con Cataluña no se juega". Hasta que llegó la hora salió al balcón y pronunció aquello "Aquí no vale el juego sucio (…) Esto es una jugada indigna". Abajo, en la Plaza, se agolpaban unas 200.000 personas que acudieron al "acto de desagravio y adhesión".

En el balcón de la Generalitat, Pujol se desató furioso, amenazante, dispuesto a romper todas las barajas. Los mecanismos psicológicos se ponían en marcha unos a otros, si el juego del PSOE era indigno contra él, él quedaba legitimado para resolverlo con maneras también despreciables. A su lado, Marta Ferrusola, versión *catalaneta* de la gran matriarca argentina Eva Perón (sin joyas).

Las turbas cabreadas gritaban: "¡Eso es una mujer¡", sin que nunca llegáramos a saber quien era la falsa-mujer que daba pie a la frase. Para los congregados en la Plaza de Sant Jaume, en mayo de 1984, los socialistas eran los villanos del cuento. Ellos y "Madrit", claro está. Mientras que Pujol es "uno de los nuestros". Por eso lo más amable que les dedicaron a los del PSC fue el insulto "*botiflers!*", traducible como "¡Traidores!"; que les atronó durante décadas en actos políticos como los del 11 de septiembre.

La *demostration* funcionó, amilanó a González le hizo ver que no debía meter otra vez la mano en el avispero catalán. El acto se lo había encargado Pujol a Josep Lluís Vilaseca, jefe de la asesoría jurídica de Catalana al que luego encumbró en diferentes cargos de la Generalitat relacionados con el deporte.

## ¿Pujol banquero?

Jordi Pujol Soley era en Banca Dorca "el hijo del dueño". Su padre, Florenci Pujol i Brugat[18], y él compraron la ficha de la Banca Dorca a unos amigos de Olot, en 1959, y se entregó apasionadamente a solucionar el endémico problema de la falta de peso financiero de la economía catalana. Florenci Pujol era un conocido bolsista barcelonés y su hijo, Jordi, ejercía de gerente de Dorca hasta que, el 21 de mayo de 1960, fue detenido y sometido a Consejo de Guerra por unos "delitos" que el franquismo equiparó a la rebelión militar.

El joven Pujol tiró unas octavillas en el Palau de la Música catalana (parece que este edificio modernista está siempre presente en la vida del nacionalismo político) que decían: *Us presentem al general Franco* (Les presentamos al general Franco), al tiempo que entonaba el "Canto de la Senyera". Franco visitaba Cataluña y lo de Pujol era la respuesta del catalanismo al director franquista de *La Vanguardia*, Luis de Galinsoga, quien poco antes dijo: "Los catalanes son una mierda".

Pujol fue condenado a 7 años de prisión por su gesto en Torrero (Zaragoza). Su padre, "por el bien de la Banca", tuvo que aceptar su "alejamiento"; aunque Pujol trató de mantener su influencia en ella desde su celda. Al salir de prisión, Pujol gozaba de un "halo" de mártir, de valiente entre la sometida grey catalanista. Tres años tras los barrotes, le cambiaron. Al volver a la Banca [convertida en Catalana] Jordi Pujol era una especie de "héroe de Janucá". Él mismo decía que era banquero "por accidente". Su *autoritas* era distinto. Siendo médico de carrera, se atrevía a citar en su despacho a eminentes economistas catalanes para abroncarles sobre sus conclusio-

18 También fue activista de la convertibilidad en la plaza de Tánger.

nes de diversos estudios. Artur Saurí, jefe del servicio de estudios, era testigo de la autoridad de su trato, rayano lo despótico.

En sus orígenes, Banca Catalana agrupó a relevantes industriales y empresarios de tradición catalanista y republicana. La entidad cubrió la reaparición de muchos condenados por las finanzas franquistas. Por Catalana pasaron Jaume Carner (nieto del ministro de hacienda de la República) y hombre de ERC, o Josep Andreu Abelló, compañero de Indalecio Prieto en el exilio mexicano.

Cuando Jordi Pujol, que era cofundador, abandonó la entidad para dedicarse a la política, su padre pasó a controlarla entre bambalinas, sin cargos visibles.

Otro significado catalanista: Raimon Carrasco, hijo del fundador de Unió, Manuel Carrasco i Formiguera (fusilado por el bando franquista en Burgos), le sucedió en la presidencia de la entidad. Con ambos compartían consejo ilustres industriales como Joan Casablancas (del textil); Ramon Miquel; Antoni Rosell; el mecenas de Omnium Cultural; Joan Baptiste Cendrós (Floid); Joan Millet, Chasyr; Ferran Aleu (Puig); Oleguer Soldevila (textil); Andreu Ribera Rovira (platería); o Víctor Sagi (publicidad).

En enero de 1975, Jordi Pujol pronunció una mesiánica conferencia en Esade en la que anunció que había "llegado la hora de hacer política". Por ello abandonó las responsabilidades ejecutivas en la Banca en julio de 1976. La salida pasó por Junta de accionistas de 1977. Dos años antes, en diciembre de 1974, en Montserrat se constituyó Convergència Democrática de Cataluña (CDC), obviamente en la clandestinidad y nombraba a Jordi Pujol secretario general del partido.

En esos tiempos, Banca Catalana protagonizaba un crecimiento meteórico. Vendía modernidad y puso en marcha el primer cajero

*Drive-in* para ser usado desde el coche. Como dijo, años después, José Ramón Álvarez Rendueles, gobernador del Banco de España, "Catalana pagó cantidades astronómicas por bancos, solo por crecer". Al final Moisés David Tennebaum  era el primer accionista de Catalana (con 400 millones de pesetas en títulos), incluso por delante del grupo del padre de Pujol, sus hijos, esposa y nuera, que tenía 326,7 millones de pesetas en acciones. El tercer accionista era el economista Francesc Cabana (cuñado de Pujol) y familia, con 110,3 millones en acciones; seguido de la familia Carner Suñol con 100,8 millones de pesetas en acciones. Así era en agosto de 1982. Luego todo el grupo Pujol vendió las acciones a Tennenbaum.

El Banco de España no fue inocente con el Banco de los Pujol. El Gobernador sabía que para ellos era crucial ganar volumen en el escenario de los "Siete grandes de la banca" y se aprovecharon de ello colocándoles entidades averiadas aprovechando la "huida hacia delante" de Banca Catalana . Digerir el Banco Industrial de Cataluña, o el Industrial del Mediterráneo, puso contra las cuerdas la banca de los Pujol con el acuerdo de intervención del 17 de septiembre de 1982.

A comienzos de la crisis en 1982, Banca Catalana tenía 3.000 empleados; 300.000 millones de pesetas en depósitos y un grupo industrial de 80 empresas y 18.000 empleados a sus espaldas. Todos los bancos con grupo industrial, de Bankunión a Urquijo, pasando por Madrid y Catalán de Desarrollo, sucumbieron a la crisis de finales de los setenta. La banca participaba en Aiscondel: Torras Herrería,; la naviera Marasia; Túneles del Tibidabo; La Farga Casanova; Corberó; el matadero Explasa; o la inmobiliaria Montigalà. Demasiado peso para el banco.

Eso no exime de responsabilidad al iluminado "hijo del dueño" que aparecía con un: "Vengo de Sama de Langreo, y he comprado una cosa que se llama Banco de Asturias". Así eran las ingerencias de Jordi Pujol en la gestión de la entidad. Catalana se zampó bancos como el de Gerona, Alicante, Aragón, Crédito e Inversiones, Mercantil de Manresa, o el Banco de Expansión Comercial.

La segunda aportación de Pujol a la Banca –que luego llevó a terrenos públicos– fue financiar a compañeros de viaje nacionalistas con independencia de la viabilidad de sus proyectos "los apoyamos por ser de los nuestros".

"Tenemos que ayudar a la gran cervecera catalana Cerbasa", decía en pleno consejo. Y ¡Alehop!, crédito para ellos y plomo para Catalana. El consejo se sentía orgulloso del eslogan publicitario de la entidad: "Al servicio de la economía catalana". Catalana ofrecía servicios punteros como servicios bancarios en el paraíso fiscal de Grand Cayman. Aquello dependía de un norteamericano catalanizado, Philip McMahan Bolich, gran conocedor de los *off-shore* internacionales.

Philip M. Bolich, afincado en Andorra por motivos fiscales, está imputado por su implicación en el *caso Pretoria* de Alavedra & Prenafeta y unos socialistas, como consecuencia de ello le bloquearon sus milloncetes de euros en el Principat y propuso a la justicia cantar a cambio de que le liberaren sus cuentas. Philip está dispuesto a contar cómo presentó a Pujol a la bruja Adelina de las montañas andorranas que, pasándole un huevo por la espalda, le predecía su futuro. Esoterismos y hechicerías pirenaicas, a las que al parecer se aficionó el President.

# CARIC, el ICF y Planasdemunt

El paro en Cataluña supera, en estos tiempos, las 800.000 personas. La economía catalana sufre especialmente fenómenos como la deslocalización de empresas y una deuda "a la griega" de cerca de 45.000 millones de euros que ha batido récords históricos. En esa situación, un territorio señero en emprendimiento ve como sus jóvenes hoy aspiran a ser funcionarios y mira como nunca a sus políticos. Para ellos todo es culpa de una relación perjudicada con Madrid y su única solución es la independencia; sin hablar a los catalanes de los costes para su nivel actual de vida de ese camino. De lo que supuso, por ejemplo, para Quebec, que los independentistas perdieras su referéndum… dos veces.

El partido de Artur Mas, ahora, de Jordi Pujol antes lleva el estigma además de haber tenido líos con la justicia por presuntas comisiones sobre adjudicaciones y contratas públicas, de haber producido informes falsos para la administración, e incluso de haber financiado actividades con el dinero "santo" de la formación de desempleados. Esa es la cruz, a la que se añade que CiU ha dado ejemplos de gobierno no para todos los catalanes, sino para beneficiar a los nuestros.

En los años ochenta, la Generalitat decidió conceder avales y préstamos a través de la Comisión de Ayuda para la Reconversión Industrial (CARIC) que costó al erario público 1.800 millones de pesetas, según la Fiscalía de Cataluña. Parte del dinero fue a parar a personas y empresas próximas al propio Gobierno de Pujol.

Un verdadero escándalo que tiznó a Macià Alavedra, a Joan Vallbé y a Antoni Subirá (primo de Pujol) y editor del diario nacionalista *AVUI,* así como a la familia de Lluís Prenafeta. El dinero de esos préstamos contó con el aval de la Generalitat que tuvo que abonar a los bancos prestatarios capitales e intereses. La fiscalía del Tribunal Superior de Cataluña pidió el procesamiento de cuatro "ministros" de Pujol. Los trámites, dado el aforamiento, comenzaron en el verano de 1992. Cinco meses después el Fiscal general del estado Eligio Hernández recomendó el archivo argumentando; ora la prescripción; ora que a pesar del reproche social no encarnaban materia de delito penal. El *caso Catalana* no recomendaba una nueva peripecia contra Convergència.

Un año después (1993) el PSOE necesitó del apoyo de CiU para formar gobierno en Madrid. En noviembre de 1992, Eligio Hernández, ex luchador canario conocido como el Pollo del Pinar acuñó para la ocasión aquello de qué caso revela "un cierto aroma de corrupción" pero no de delito". Hubo un primer intento de cerrar el asunto y los imperativos legales permitieron un segundo partido a la Justicia, que volvió a cerrar a pesar del escándalo. Un signo de que la Justicia es de las peores ciegas que hay, las que no quieren ver.

Lo noble tarea de ayudar a la reconversión de una industria en crisis, acabó siendo beneficio para políticos convergentes y empresas afines gracias al uso de la Caric (en la que figuraba Josep Antoni Duran Lleida) que acabó siendo absorbida por el Instituto Catalán de Finanzas (ICF).

Por ejemplo, el diputado de CiU, Josep Garrell obtuvo un aval de 100 millones de pesetas para su empresa Egasa, a pesar de que el máximo de esos avales había sido de 50 millones. Doce días después de la concesión, el Gobierno de Jordi Pujol cambió la norma que establecía ese límite, como recuerda el informe de la fiscalía del TSJC. Lo peor es que la empresa estaba en situación crítica, suspendió pagos y no devolvió el dinero y pagó los intereses.

Otra favorecida fue Metrelec, propiedad de Macià Alavedra, consejero de Gobernación de Pujol, cuyo socio recibió otros 100 millones. La empresa vendía contadores de electricidad y gas a empresas que supervisaba la propia Generalitat. Por cierto, el Gobierno de Pujol olvidó tratar de recuperar el dinero.

También Antoni Subirá, portavoz de CiU en el Parlament, recibió avales por 65 millones de pesetas para sus empresas Subirà i Cia. y Puntextil. Todo a pesar de que los niveles de solvencia de las empresas lo desaconsejaban. Claro, que la reclamación del dinero a Subirà llegó cuando las firmas habían desaparecido. Y se urdió un montaje para cubrir las apariencias y cubrir parte del impago para que Pujol pudiera nombrar a Subirá consejero de Industria. Subirá también recibió 43 millones en avales para *Ràdio Avui* de la que fue fundador y que también desapareció.

Los periodistas parlamentarios catalanes hacían cábalas sobre el contenido de una carpeta verde que acompañaba a Subirá de continuo. Una tarde, en plena sesión con la prensa, Subirá fue llamado a un aparte en el Grupo de CiU. Salió a gran velocidad. No pudieron resistirlo y fueron a mirar el contenido de la carpeta, donde se suponían las instrucciones de Pujol. Sin embargo, llevaba una revista porno.

Joan Vallbé también se favoreció del dinero de la Caric. Su empresa Industrias Reunidas Sallent recibió 110 millones para oponer en marcha un plan de viabilidad. La firma suspendió pagos y el dinero nunca se devolvió y la Generalitat tuvo que hacer frente a la deuda. "El aval nunca debió concederse, la empresa estaba en quiebra", afirma el informe de la Fiscalía de Cataluña. Vallbé también obtuvo avales de 50 millones para Comercial de Cubiertos y Platería, otra que suspendió pagos en 1988. Este hombre era secretario general del departamento de Industria, luego fue consejero de Agricultura, entre otras cosas.

El dinero público de Caric regó la empresa de la familia Prenafeta, siendo Lluís Prenafeta secretario general de Presidencia de la Generalitat. La peletera Tipel recibió 42 millones de avales públicos y 270 millones de pesetas en préstamos. Se abrieron diligencias con el consabido resultado de: ¡Agua!.

Años después, en mayo de 1990, Pujol prescindió de Prenafeta. La prensa le pilló ocupando su cargo público y, a la vez, estaba en el consejo de administración de Iberia de Seguros, con Enric Bernat, el de Chupa-Chups. En Tipel se forjó el mayor de los hijos de Pujol y Tipel se hizo cargo de la empresa de la familia Ferrusola (Josep Ferrusola) y de sus deudas. Tipel no levantó el vuelo y acabó por suspender pagos.

Diez años a la sombra de Pujol, a su lado en el balcón cuando lo de Catalana… En fin, su salida debía ser airosa. Sin embargo, tuvo que refugiarse en la empresa familiar Tipel, hasta que le llevaron de presidente de la empresa pública catalana

Petrolis de Catalunya Petrocat de 1990 a 1995, y se forró en el Port de Barcelona. Lo de Tipel duró poco. La firma quebró, con 2.253 millones de deudas a sus acreedores. La juez de Vic que instruyó la quiebra, Ana Suárez, ordenó el embargo de *Jaguar Daimler*, de 3.980 c.c., que Tipel compró para él. Prenafeta sólo entregó las llaves del auto. Antes su chófer, Carlos Nicolás, lo había estrellado contra una pared en Viladecans, dijeron al juzgado que fueran a buscarlo a un concesionario de Ford. No me digan que no es digno de un episodio de *Los Soprano.*

El *caso Caric* ponía claramente al descubierto una *corruptio* ideológica y algunos aprovechamientos delictivos. CiU utilizaba el *fer país* (hacer país) para beneficiar a los próximos. Esa constante es una clave para entender muchos casos de corrupción en Cataluña o para que algún día un historiador de la economía independiente escriba sobre la composición del sector público catalán, levantado a paletadas de euros y que esconde el interés por quitarle el muerto a empresarios y familias afines políticamente.

Lógicamente, el *caso Caric* también supuso un paso adelante en eso de obtener impunidad después de hacer la falta. De nuevo les salió gratis. Incluso la sociedad pública que absorbió la Caric, el Instituto Catalán de Finanzas (ICF) protagonizaba su propio escándalo, aunque de diferente naturaleza. Fue el político que estaba al frente de ese ICF quien protagonizó el *caso Planasdemunt.*

Jordi Planasdemunt era uno de los tipos del Gobierno Pujol con mayor prestigio entre la prensa. Era el segundo de Ramón Trias Fargas. Venía de la Bolsa de Barcelona y sucedió a Trias como consejero de Economía y Finanzas de Pujol. Cuando dejó el cargo le ofrecieron dirigir el Instituto de Crédito Oficial catalán, el ICF.

Poco antes de los Juegos Olímpicos de Barcelona'92, un grupo de afectados por unos pagarés falsos, denunciaba ante la policía a BFP un gabinete de asesoramiento financiero que obedecía a las siglas de los apellidos de Joan Basols, Salvador Forcadell y Jordi Planasdemunt. BFP vendía participaciones de crédito en grandes empresas: Cepsa, Telefónica o Repsol.

Al vencimiento, el dinero no les alcanzó para pagar a los inversores. Un fraude de unos 2.300 millones de pesetas que contaba con la presunta ayuda de que –en muchos casos– se trataba de dinero negro. En total, unos 225 afectados.

En la estafa jugaba un papel central el prestigio de Forcadell (titular de un negocio de fincas muy conocido en Barcelona) y el de Planasdemunt era director general del Instituto Catalán de Finanzas, una especie de ICO público catalán. El 29 de septiembre de 1992, Planasdemunt fue detenido en su domicilio. Al salir a la calle se dirigió a su coche oficial hasta que un inspector le dijo "No, oiga, hoy tendrá que usar aquél", y señaló a un coche de la Policía Nacional.

Pujol trató de explicar que una cosa eran las actividades privadas de Planasdemunt y otra su condición de alto cargo jefe del dinero público autonómico, aunque se trataba del mismo hombre y, claro, fracasó. Por entonces se hablaba menos de incompatibilidades pero a Planasdemunt le aguardaba lo peor: conocer que la agencia de valores clave en la estafa, Medmarket, tenía un aval de la Caric de 30 millones de pesetas.

CiU impidió incluso una comisión parlamentaria de investigación y el caso se perdió como una palmera más en el *oasis cata-*

*lún*. En 1994, Planasdemunt fue condenado a siete años de cárcel en uno de los pocos casos en los que la justicia no hizo: ¡Agua! en pleno "combate" contra la corrupción le mandó a la cárcel Luis Pascual Estevill. El Supremo ratificó la sentencia y cumplió solo tres años de condena por motivos de salud.

Planasdemunt fue cazado en clamorosa incompatibilidad, Prenafeta lo mismo en Iberia de Seguros; Macià Alavedra, *idem, eadem, idem,* en Metrelec y Metrega y el de Unió, Agustí Bassols, responsable de Justicia, en Chasyr seguros. Era clamoroso que CiU contaba con un "sector negocios" dispuesto a insignificar la política.

A los socialistas hubo que domarlos, pero al final dieron por perdido el control de los asuntos delicados catalanes, siempre al principio toscos casos de financiación irregular. De esos que hoy levantarían unánimes críticas por falta de "finezza". Al final el PSOE contribuyó alegremente a cerrar heridas del "negoci" de CiU. Como aquel impagable servicio del Fiscal General del Estado, Eligio Hernández. El que acuñó lo de "contiene aromas de corrupción" para dar carpetazo al caso de la malversación de fondos públicos con las ayudas de la reconversión industrial de Cataluña. A Hernández se le conocía en la lucha canaria como el *Pollo del Pinar*, pero con CiU no se le oyó ni un trino de canario. Se quedó tan ancho y siguió con la lectura en profundidad de los discursos de Manuel Azaña. ¡Vemeria santísima!, que dirían en Tenerife.

El clima de impunidad permitió que, como los *bolets* (setas), Cataluña albergase otras modalidades mafiosas de financiación. El contable chileno Carlos Van Schouwen destaparía, años después, una red de informe vendidos a las principales empresas para financiar al PSOE. Eran Filesa-Malesa y Time Export, actuaban desde Cataluña. Josep María Sala pasó tres meses en Can Brians y ¡cosa de locos! Su prestigio aumentó en Cataluña "es que robaba para el Partido, se decía". ¿Es o no es delirante? Luego, el Tribunal Constitucional anuló su sentencia.

En el "aconchamiento" socialista fue crucial el error de Banca Catalana; que planeó como un fantasma la relación del PSOE con la corrupción catalana. Los "apretones" –si acaso– se pagaban en las cómicas balanzas de las primeras negociaciones Estado-Generalitat. El convergente Macià Alavedra cuenta cmo volvió de "Madrit" aturdido por las picardías de Alfonso Guerra. Ambos negociaban más dinero para Cataluña (*as usual*). Guerra le dijo: "Venga Macià, 4.000 millones. Nos damos la mano y luego los técnicos… ya vestirán el muñeco".

Pujol consiguió así que Banca Catalana pasara a la historia, pero no pudo evitar que a partir de ese momento salieran a la luz otros procesos judiciales que salpicaron a miembros de su Gobierno. En 1989, el ex director financiero de Casinos de Cataluña –*holding* que monopolizaba el dinero del juego– denunció que esta empresa había pagado unos 3.000 millones de pesetas a compañías afines a Convergència.

El caso quedó archivado, no así el denominado *caso Planasdemunt*, en el que el exconsejero de Economía, Jordi Planasdemunt, se vio implicado en un fraude de unos 6.000 millones de pesetas mediante pagarés falsos. Fue condenado a siete años de prisión. Ya fuera la Caric o su sucesor el Instituto Catalán de Finanzas, siempre fueron instrumentos para financiar "a fondo perdido" a empresa de personajes políticos nacionalistas o cooperadores del partido.

Otro insigne consejero de Economía y Finanzas, Josep María Cullell, dimitió años después (en 1994) como consejero de Política

Territorial y Obras Públicas, cargo al que había accedido un año antes, tras conocerse una grabación con varias conversaciones telefónicas en las que, presuntamente, presionaba a un alcalde para favorecer el negocio inmobiliario de su cuñado. Los diálogos son de 1992, cuando Cullell era tan solo diputado. En uno de ellos, le dice a la mujer del alcalde: "No te muevas tú por abajo, que yo ya te lo pediré por arriba y lo conseguiremos; si Dios quiere. Pero no hagas nada hasta que yo te lo diga".

Ya sé que les costará creerme, pero a Cullell no le grababan agentes de la ley. Le grabaron unos jóvenes vecinos radioaficionados porque hablaba desde un inalámbrico presionando al alcalde y su mujer por las noches en beneficio de su cuñado. Lo que oyeron les pareció un delirio y lo llevaron a los juzgados. Es como para que al convergente le nombren campeón de la estulticia. El caso estaba claro Cullell forzaba al alcalde –Ramón Vaqué– para comprar unos terrenos de Vilaró, apoyándose en dinero público que él también adobó. En 1991, Cullell manejaba a placer el ICF (Institut Catalá de Finances) –que prestó 69 millones de pesetas a la operación– y la consejería de Economía. Cullell había sido el consejero de Economía para pasar a serlo de Política territorial y Obras Públicas.

Josep María Cullell dimitió en 1994, pero judicialmente resultó no inculpado. De nuevo. "¡Agua!". Luego incluso se reivindicó y exigió su rehabilitación´. Le llevaron a consejos como Fira de Barcelona o Tabasa. En 2002, el Papa Juan Pablo II le nombró revisor de la prefectura de Asuntos Económicos del Vaticano.

Economista y profesor de Esade, Cullell ha tenido problemas interpretativos sobre conceptos como el "Real Estate". El idioma sajón tiene sus trampas para el novato. "State" y "Estate" suenan parecido, sólo hay una letra de diferencia, pero significan cosas muy distintas: un Estado, lo primero; y una propiedad inmobiliaria lo segundo. Lo aclaro porque hace muchos años presencié un encuentro entre Josep María Cullell, y el primer alcalde negro de Nueva York, David Dinkins en 1990. Dinkins le preguntó a Cullell "¿Qué tal va el "Real Estate" en Cataluña?" Cullell, candidato entonces a alcalde de Barcelona, no entendió bien el término y contestó en inglés: "Bueno, nosotros todavía no somos realmente un Estado...". ¡Imaginen la cara de Dinkins!

El sustituto de Cullell fue Jaume Roma, que corrió una suerte similar. En 1995 fue acusado de corrupción porque una constructora proveedora de la Generalitat había edificado su casa a bajo precio. Lo desveló *Diario 16*, en junio de 1995. Eran cinco contratistas los denunciantes ante el juez Carlos Bueren. Se quejaban de que cuando Roma dirigía el Instituto Catalán de la Salud dio concesiones irregulares a Tradsa como remodelar el Hospital de Sant Joan de Deu de Martorell y ocho centros de atención primaria. Tradsa remodeló el chalé de Roma en Canovelles y él sólo pagó 15 millones, cuando la carpintería metálica costaba –en facturas– 12 millones. "Inga problema!" dicen en sueco por "Ningún problema". La Audiencia de Barcelona le exoneró de responsabilidades en 2001. Una vez más: "¡Agua!"

Su puesto al frente de la consejería de Política Territorial y Obras Públicas fue ocupado, precisamente por Artur Mas.

# La casa Nostra

Con permiso de Ridley Scott, Convergència ha sido el "octavo pasajero" para la economía catalana, un invitado que inoculaba microorganismos depredadores que acabaron por reventar los cuerpos, las compañías, donde convenía a sus intereses tratando de confundirlos con los de Cataluña, con eso de "fer país". La inoculación de octavos pasajeros se produjo igual en compañías industriales, como La Seda de Barcelona; en instituciones simbólicas como el Barça; colegios profesionales como el de Economistas o el de Ingenieros Industriales, o entidades financieras, como Eurobank.

Pero donde mostró una mayor ferocidad fue en las agrupaciones mutuales. Las mutuas eran gloriosas entidades que distinguían a Cataluña antes de su contaminación y posterior agonía. Eran instituciones muy fuertes en capital (con cientos de miles de afiliados); pero muy débiles en su cúpula, elegida a menudo con anticuados criterios de mérito interno. Los que supieron hacerlas crecer, no supieron defenderlas cuando el "octavo pasajero" se decidió a poseerlas. Tampoco fue ajeno que el octavo pasajero contase con la Administración catalana, máxima autoridad reguladora de las mutuas. Así cayeron. *l'Aliança*, Universal o Agrupació Mutua.

De hecho, la toma de las Mutuas –que incluyó también poner al convergente Joan Guitart[19] al frente de la Mutua General de Cataluña– buscaba agruparlas junto a FIACT y montar una gran entidad financiero–aseguradora catalana. Algo como la Caixa hace muchos años, un sueño típico de Jordi Pujol Soley, en el que caló hondamente la idea de que la economía catalana no tenía entidades financieras fuertes. El resultado fue catastrófico.

La principal mutua de Catalunya es *l' Aliança*. Tenía 200.000 socios cuando en 1993 entra en crisis. Su modelo se tambalea y sus gestores también. La Generalitat pone en marcha los procedimientos rutinarios de control, con inspecciones, incluidas dos intervenciones. La primera en 1997, la segunda en marzo de 2002. El tapado interno con el que convergencia contaba se llamaba Ramón Carranza y le pusieron de director general. Al final, se convirtió en la *bestia negra* a batir. Decretado el bloqueo de operaciones patrimoniales, a Carranza no se le ocurrió otra que contratar a Europraxis, la firma que Josep Pujol Ferrusola vendió el 5 de abril de 2001 por "un congo" a Indra, para que buscase nuevas fuentes de ingresos. Las facturas de Europraxis coinciden en el tiempo en el que la consejería de Economía levantó las medidas cautelares sobre la mutua ¿coincidencia?

La consultora cobró más de 100.000 euros sus servicios, a pesar de las medidas cautelares decretadas por la Generalitat por

19 Hombre de CDC y ex consejero de Enseñanza, primero, y de Cultura después. Dieciséis años en los Gobiernos de Pujol.

mantener unos pasivos de 4.285 millones de pesetas. Los informes sugieren actividades de cirugía estética o medicina natural. *L'Aliança* es una mutua de previsión social especializada en servicios sanitarios. Un tercio de sus 180 millones de euros de ingresos anuales procede del Servicio Catalán de la Salud (SCS) de naturaleza pública.

El segundo plato de gusto de las mutuas fue la Agrupació Mutua, otros 380.000 afiliados, un patrimonio de 650 millones de euros y una historia ( fue fundada en Gerona en 1902). Allí había un inconveniente, su director general, Josep Lluís Torra, venía del grupo General Cable, y había sido director general adjunto de la aseguradora Zurich, y también de la división aseguradora de Caixa Catalunya. Una vez en Agrupació Mutua, Torra inició un complicado proceso para convertir la entonces mutua de previsión social, en mutua de seguros, operación al que se opusieron, por la vía judicial un grupo de disconformes mutualistas.

En 1997, Agrupació Mutua afrontó otra de sus grandes apuestas, adquirir parte de Bankpyme, luego Eurobank, la obra del catedrático Josep Jané Solà, averiada tras estallar en el banco un caso de pagarés colocados en un parking, que sentó en el banquillo al consejo de la entidad. Se llamó *caso Bankpyme.*

Torra, que dejó Agrupació en 2003, bailó con lobos unos cuantos años antes: colocaba hombres de CiU a cambio de oxígeno de la entidad reguladora, la Generalitat. Uno de los "entrantes" al olor de la sardina en el consejo era Josep Pujol Ferrusola, que ¡adivinen! Sustituyó en el mismo a Xavier Bigatà, insigne convergente y antiguo consejero en los gobiernos de Pujol.

Esa música explica operaciones como la de Habitat, Banco Luso Español; el pacto con Enric Reina, el promotor, que da lugar a Amry; las participaciones inmobiliarias en Bulgaria y Rumanía; las sobre preciadas corredurías de seguros (Bansyr) o el balneario de lujo. Josep Lluís Vilaseca[20], *pujolista* de primera hornada, ocupó la presidencia durante 9 años y cuando se fue –en 2006– dejó la vampirizada mutua en manos del vicepresidente. Este no era otro que el *con milite*, Félix Millet (que llegó unos meses antes para estar en el consejo y sustituir a Vilaseca) y lo mandaba todo en el Palau de la Música. Torra –con absoluto desprecio por el balance– seguía presentando beneficios, *e la nave va*. Los de ese año fueron 7,2 millones de euros de ganancias.

A Torra le colocaron otro "octavo pasajero" a bordo. Jordi Conejos, que abandonó la administración convergente para hacerse empresario, además de asaltar el Colegio de Economistas y ponerle bandera de CiU. A él se atribuyen los posteriores problemas de la entidad, así como el aumento del riesgo inmobiliario. Por ejemplo con Aisa, un invento de alto riesgo especulativo del abogado Genis Marfà (ex Piqué Vidal) y del antiguo contable de Tipel, Joan Carretero. De allí salieron bien, pero volvieron al casino de lo inmobiliario con Amci Habitat y se dejaron las plumas..

Los convergentes en la Agrupació Mutua se subieron las dietas, nada más llegar. Un 60% en el caso de los consejeros. La alta dirección se lo aumentó más del 100%. Hasta que –en mitad de una junta– Félix Millet, a la sazón presidente, defendió la desaparición de la figura de consejero delegado "porque queridos mutualistas, tenía mucho poder". No dudó en beneficiar a su yer-

---

20 Pujol lo colocó en el consejo de administración de Fecsa-Endesa, aprovechando el *feeling* con Juan Echevarría Puig y poco después accedía al consejo de administración de la Agrupació Mutua, en plena operación de control de una de las aseguradoras privadas más importantes de Cataluña.

no, Xavier Rafart, colocándolo de subdirector general de la filial Amci Habitat, uno de los grandes problemas de Agrupació Mutua. A nadie extrañó que el sustituto de Millet, en 2009, fuera el pro-convergente, Josep González, la voz de la PIMEC durante los últimas décadas.

La entidad presentó pérdidas y así hasta que la Dirección General de Seguros y Fondos de pensiones (del Ministerio de Economía de "Madrit") decidió tomar el control de la entidad ante sus "irregularidades y la deficitaria situación patrimonial derivada de sus inversiones inmobiliarias".

Otra de las maniobras de control de mutuas fue Mutua Universal. El hombre encargado de ello, Juan Echevarría Puig (Barcelona, 1928). No importó que él fuera directivo de otra mutua, la General de Seguros, Convergència le quería allí y ¡Alehop!: Presidente de Mutua Universal en 2004.

Después de tres años repletos de acusaciones de trato despótico, en una casa acostumbrada al educadísimo doctor Andreu, el fallecido presidente; llegó el escándalo en 2007. La Intervención General de la Seguridad Social pidió la actuación de fiscalía por supuestos delitos de malversación de fondos públicos. En Universal había un "desfase patrimonial". Además la acusación de haber utilizado los fondos que la Mutua recibía del Estado para atender los accidentes laborales de sus clientes, en dar servicios empresariales compensatorios a sus clientes.

Mientras Echevarría, ex director general de Correos, con Suárez, fue presidente de Motor Ibérica, primero y luego de Nissan Ibérica, siempre se caracterizó por ser un declarado anti–catalanista. Además se jactaba de haber despedido a Marcelino Camacho de Perkins. Hasta que un día cayó del caballo, como Saulo, y se convirtió. Convergència acogió al retórico "pelo blanco" con los brazos abiertos. Hasta el alter ego de Artur Mas, David Madí[21], llegó a decir que el nacionalismo político catalán debe muchos favores a la familia Echevarría.

Le nombraron presidente del consejo asesor de la Universidad Pompeu Fabra, que depende de la Generalitat. Le dieron la presidencia de Cable y Tv de Cataluña, luego Menta. En 1998 le impusieron la Cruz de Sant Jordi. Todo gracias a que su hijo Alejandro (que demostraba su ideología, en los 20-N, con el brazo en alto) compartía negocios y bufete con Josep Pujol Ferrusola, además de afición por los caballos.

A Echevarría le colocó el pacto CiU-PP en la presidencia de FECSA, filial de Endesa y eléctrica que actúa en monopolio en Cataluña. Su gran amigo Juan Rosell le puso otra vez en el candelero. Pero dos hijos de Echevarría se comieron el marrón de una sanción de la CNMV por uso de información privilegiada en sus operaciones en bolsa cuando Endesa absorbió dos filiales: Sevillana y Fecsa, en 1996. A ellos les pillaron comprando justo a tiempo 4 millones de títulos... Si Josep Pujol estaba en el ajo, es el secreto eléctrico más grande, desde tiempos de Thomas Alba Edison. Al final en 2002, la Audiencia Nacional anuló la sanción.

No es tan secreto que fue llegar Echevarría a la presidencia de Fecsa 1996-1998 y contratar a Marta Pujol Ferrusola, como

21 Otro heroico ejemplo de nacionalista. Nieto de Joan Baptiste Cendrós (Floïd, Omnium Cultural y Banca Catalana) fontanero de Artur Mas, portavoz del Gobierno y luego receptor de "un lugar al sol", primero en Endesa y luego nombrado vicepresidente de Applus+, la principal operadora de ITV de Cataluña. Entre ratos, cobra de Deloitte por "cazarle" clientes catalanes. Su curriculum dice: "licenciado en Administración y Dirección de Empresas", nació en 1971 y se dedicó a CDC hasta 2011.

arquitecto para obras en el Maresme. Echevarria hizo todo lo posible para que su yerno, Joan Laporta, un joven abogado sin clientes que quería derrocar a Núñez en el Barça, se convirtiera en Presidente del club. El marido de Constanza Echevarría se lo pagó llevando a la junta a Alejandro, el gran amigo de Josep Pujol Ferrusola, hasta que en 2005 tuvo que dimitir por su pertenencia a la Fundación Francisco Franco. Algo muy llamativo para un joven que no conoció al Caudillo. Algo muy fuerte para un club que presume de ser "más que un club" y para un Laporta que acabó en el independentismo.

**Los mismos, para lo de siempre…**

El cotizado abogado en Barcelona Miquel Roca Junyent, manejó los destinos de los implicados de CiU y el PP en la Audiencia Nacional por el *caso Eurobank*. La paradoja es que Roca logró que el titular del juzgado de instrucción número 5 de la Audiencia Nacional, Pablo Ruz, autorizase al otrora líder del grupo catalán en el Congreso, a personarse en la causa principal del *caso Eurobank,* como acusador particular. Roca contra el ex presidente de la entidad, Eduardo Pascual Arxé, acusado de apropiarse de más de 13 millones de euros, habiendo sido antes su abogado. El colmo aun para Roca, acostumbrado ya a no ponerse nunca la toga.

¿Cómo es posible que el caso lleve 9 años de instrucción? ¿Cómo es posible que Roca –que en el pasado trabajó para Pascual– pueda ser acusador suyo? ¿Es una maniobra para conseguir la nulidad de la causa y el "todos a casa"? Las tres mutuas accionistas de Eurobank mantienen que fue el consejero de Economía, Francesc Homs, quien les impuso la contratación de Roca.

Roca había trabajado en el pasado para Pascual Arxé y para las mutuas que presuntamente utilizó para vaciar las arcas de Eurobank en las semanas previas a la intervención del banco catalán por el Banco de España, que se produjo en julio de 2003. Meses después, la Generalitat intervino las mutuas del grupo Pascual. En la actualidad, el bufete Roca Junyent Advocats elaboró un dictamen sobre la gestión de las mutuas y concretamente sobre la fusión de Norton Life, Personal Life y Caja Hipotecaria Catalana Mutual en el núcleo de Fortia.

El dictamen lo firmó el que más tarde sería consejero de Economía del Gobierno de Jordi Pujol, Francesc Homs, antiguo *número dos* de Roca en el Congreso y que fue socio del bufete hasta que volvió a la política activa. En otras palabras, la intervención iba y venía según se contratase al despacho de Roca.

La relación de Roca con Pascual no se limita al dictamen elaborado en su día por Homs. La lista de actuaciones de su partido y suyas en particular, y los clientes que ha defendido en el pasado, es muy abundante. Ninguna de ellas hasta ahora podía dinamitar ni el caso ni algunas de sus ramificaciones, como la relación de Vitalia y de su principal directivo, el ex director general de Industria de Jordi Pujol, Jordi Conejos, con el caso de los ERE de Andalucía. La Junta debe más de 40 millones de euros a Fortia por asegurar los ERE fraudulentos, esos que beneficiaron a tantos socialistas andaluces.

Ya en 2009 se presentó escrito en la Audiencia Nacional poniendo de relieve las relaciones entre Pascual y Millet a través de la sociedad Line Invest XXI y la posibilidad de que Pascual descapitalizara Eurobank a través de la Agrupació Mutua y Amci Habitat.

Pascual Arxé era miembro del consejo de administración de la Agrupació Mutua antes de que fuera intervenida por la Generalitat cuando, siendo presidente Félix Millet, estalló el escándalo del Palau de la Música catalana. Roca fue durante años, y también en ese periodo, el abogado de la Agrupació Mutua. De hecho, fue Roca quien pactó con el entonces consejero de Economía, Francesc Homs, el relevo en la dirección general de la Agrupació Mutua de Josep Lluís Torra por el ex director general del Gobierno de Pujol y entonces presidente del Colegio de Economistas de Barcelona, Jordi Conejos, gracias a otra operación del octavo pasajero nacionalista.

Mientras Roca fue abogado de la Agrupació Mutua, no sólo fue consejero de la entidad Eduardo Pascual. También lo fueron los hermanos Jordi y Josep Pujol Ferrusola, hijos del ex presidente de la Generalitat Jordi Pujol, en diferentes periodos. ¿Es "la casa nostra" o el octavo pasajero?

By the way, fue Francesc Homs, uno de los últimos consejeros *roquistas* de Jordi Pujol, quien –como consejero de Economía de la Generalitat– decidió la intervención de la Agrupació Mutua. Además, Homs pidió a los antiguos dirigentes de Convergència Macià Alavedra y Joan Hortalà que intercedieran ante el Banco de España para que permitiera la fusión entre la Agrupació Mútua y el también intervenido Bankpyme. Alavedra acompañó a Pascual Arxé a una reunión con el entonces jefe de Inspección del Banco de España, Jaime Caruana, que fue el que luego, como gobernador, pactó la intervención de Eurobank .

Macià Alavedra y Hortalà eran socios y consejeros de Pascual Arxé, en sociedades como la citada Line Invest XXII, o Majórica y recibieron remuneraciones por sus gestiones, de mano de Pascual Arxé. Eurobank y Pascual Arxé pecaron más con Convergència compartiendo negocios con Rafael Español Navarro, ex presidente de La Seda de Barcelona, e imputado por los juzgados de Barcelona por un delito societario en La Seda. Español ha sido además socio de Jordi Pujol Ferrusola en varios negocios, además de convertirlo en consejero de Hispano Química. Por si a alguien pudiera interesar, el "fruto de la pasión", el vaciamiento de estas compañías cruelmente inoculadas con el virus, se encuentra en Luxemburgo, administrado por Jean Marc Thys y Paul Michonneau.

Otros accionistas también recuerdan la estrecha relación personal que unía a Roca con el fallecido Narciso de Mir, mano derecha del financiero corrupto Javier de la Rosa. La hija de Roca –Elena– fue durante años secretaria personal de Narciso de Mir. Curiosamente, entre los administradores y apoderados de las empresas que comparten Pascual Arxé, Alavedra y Español, figura también Carles Malfeito, cuñado del ex consejero de Economía, Alavedra y "enchufado" de Javier de la Rosa cuando éste se hizo cargo del proyecto de lo que hoy es Port Aventura, por exigencia de la Generalitat de Pujol. Malfeito era secretario de Web Line Invest, que presidía Alavedra y tenía de consejero a Félix Millet, presidente de Agrupació Mutua, que a través de su filial Amci Habitat, adquirió terrenos de Eurobank en Bulgaria.

Lorenzo Gascón era un tipo duro. En La Seda de Barcelona y el Fomento del Trabajo (la patronal catalana), hasta que una tragedia familiar terrible le trastornó. En 1991 se marchó su principal accionista la holandesa Azko. A partir de ahí, los bancos deudores, de un lado; los sindicatos UGT y CC.OO, de otro y la batalla entre accionistas enfrentados, dejaron las cosas muy difíciles para los gestores de la empresa: José María Villamarín, un sevillano que fue a Barcelona para estudiar en el IESE, y se quedó allí; y el riojano Rafael Amézola y Manso de Zúñiga, que aseguraba ser descendiente de Colón.

Seleccionado por Industria de la Generalitat (avalista de La Seda por más de 2.000 millones de pesetas); Rafael Español venía de pilotar la desinversión de Monsanto. Conocía el sector y venía con un plan global: reorientación industrial, venta de terrenos, y sumisión al poder político. A cambio ofrecía paz en la comarca. Desde 1984, su consejo pasó a ser un hemiciclo empresarial. Además de los citados sindicatos y del inefable socialista José Luis Morlanes, se incorporó el ex ministro socialista de Industria, Joan Majó y los que mandó Convergencia. Los *yuppies* : Carles Vilarrubí, Artur Mas (meses después de abandonar los pechos de Prenafeta en Vilassar Internacional y siendo concejal del Ayuntamiento de Barcelona) y Jordi Vilajoana. Estos dos últimos dejaron La Seda, en 1995, y Vilarrubí después.

Rafael Español provenía de la legendaria Aiscondel. Su relación con Vilarrubí y Convergència se basaba en favores cruzados. Vilarrubí le abrió el consejo de Endesa, en tiempos de Rodolfo Martín Villa. O sea que Aznar no se portó tan mal, con los que luego se fueron al Notario a dejar escrito, cual testamento, que jamás volverían a pactar con él. Lo hizo Artur Mas, en octubre de 2006, cuando era candidato a presidente de la Generalitat.

Las relaciones de Rafael Español con el *clan del pinyol* fueron tan fluidas como las que mantuvo con los socialistas y comunistas del Baix Llobregat. Cuando La Seda empezó a "marear la perdiz" con la venta de sus terrenos en El Prat de Llobregat, se decidieron a ampliar su mermado compromiso industrial adquiriendo Hispano Química (HQ) a Bartolomé Parera. Un peso muerto para Manuel Raventós, el fallecido hombre del grupo del Central. Rafael Español ofreció silla de consejero a Jordi Pujol Ferrusola. Hoy la sociedad ya no existe. Lo mismo en Catalana de Polímeros, absorbida en 2004 por La Seda. Todo por ungüento amarillo, *Es clar!*

Al final, empresa averiada de nuevo con una querella de fiscalía contra Rafael Español y otros gestores de La Seda por descapitalizarla, aparecen compras de acciones propias, créditos impagados a filiales, préstamos a accionistas y participadas (Jatroil) que resultaron impagadas y venta de 60.000 toneladas de plásticos PET a Rusia, que no cobraron. En suma, otro desastre del “octavo pasajero”.

# El despacho con dos puertas

"Mira no me toques los cojones. Ya te he dicho lo que tienes que hacer. Si no quieres hacerlo, tú mismo. Pero ten por seguro que acabarás en la puta cárcel… yo no puedo hacer más. ¡De ti depende! Decía airado Joan Piqué Vidal, de espaldas al teléfono. Colgó y al girarse y verme plantado en la puerta de su despacho, se ruborizó. Luego dio a entender que le había soltado aquello (en catalán) a una persona muy importante de la administración de Pujol. También a mí me sorprendió el tono y las palabras gruesas. Piqué era un tipo obsequioso, pelota hasta los límites, sin embargo todo era una fachada; el en realidad era un duro.

El mustio azul de sus ojos saltones podía ser frío y vidrioso como el un jefe de campo de exterminio. Aquel hombre llegó a tener en la misma mesa, el poder ejecutor de la justicia gracias a Luis Pascual Estevill y otros magistrados deudores de sus favores. Con ellos obtenía "milagros" para sus clientes. Tenía línea directa con la administración autonómica, vía Jordi Pujol y Lluís Prenafeta. Además, contaba con todo el dinero kuwaití de KIO, que controlaba su cliente Javier de la Rosa. Con esas tres patas, Piqué era uno de los poderes de la Barcelona *pujolista*. Luego vendría su declive.

A Pujol en su despacho, le temían. Tenía secretario [se llamaba Josep Piñol] y daba a entender que estaba adscrito al Opus Dei. Su esposa estaba muy enferma, luego fallecería y Piqué rehízo su vida con Isabel Márquez, una abogada de su despacho dedicada al derecho de familia, precisamente ella llevó la primera separación frustrada de Jordi Pujol Ferrusola. Un pacto amistoso le salvó de perder más de 800 millones de pesetas de la época después de ser pillado, en 1996, con una hermosa prima azafata de su entonces esposa. La bronca fue terrible, aquello dividió a la familia de su señora y tenía que pagarlo. Piqué amansó a la fiera que acabó por retirar (esa vez) la demanda de separación después de barajar cifras en torno a los 350 millones de pesetas para ella.

Pero ese Piqué doliente, no era más que una pose. Le vi reventar muchas juntas generales de empresas, que temían a Piqué y sus manadas de lobos leguleyos. Verle en una junta era presagio de tormenta, a veces se sentaba entre el público sin más, para que le viesen. En una de esas juntas de la Compañía de industria Agrícolas, en el Colegio de Abogados de Barcelona, Piqué se quejaba de lo incómodo de las butacas y de lo que duraba el acto. Luego me dijo al oído: "¡Que hacemos aquí, aguantando esto, si ahora nos la podrían estar chupando por ahí!". Definitivamente, lo del Opus, como su catalanismo *pujolero,* era una burdísima coartada. Supongo que hacía lo mismo con Franco, cuando tocaba.

Piqué fue el abogado-estratega para que Jordi Pujol no sufriera consecuencias por el agujero de Banca Catalana. Fue coordinador de las estafas de Javier de la Rosa. *Alter ego* de los sobornos y extorsiones de Luis Pascual Estevill. Abogado turbio de Suqué, de los Lao, del caso IVA, o del condenado por fraude fiscal Josep Lluís Núñez. Lo mismo del caso Hacienda, o presunto blanqueador de narcotraficantes. Incluso *colegueó* con Prenafeta para montar *El Observador* contra *La Vanguardia*. Una pieza clave para entender la mafiosa política que ha gobernado y sigue gobernando Barcelona desde que se reinstituyó la Generalitat.

El despacho de Piqué, en la Diagonal, tenía dos puertas y era malo de guardar. Bien lo sabía, o lo ignoraba quien sabe, el fallecido comandante Carlos Gil de la Guardia Civil. Contaba con "camareta" en el parking para los papeles que no deben encontrarse, un sistema de señales convenidas con el portero: tres timbrazos, agentes del orden con mandamiento. Solo faltaba alguien gritando: "¡Inmersión, Inmersión!". Olga, la recepcionista, vio de todo, lo mismo que la buena de Carmina, la secretaria que sustituyó al fallecido Piñol. Vieron, por ejemplo, como los clientes salían gracias al nivel superior y su discreta puerta de salida, que desconocían los agentes del orden. Y que permitió a tantos *vip's* esconderse en una vivienda *ad hoc* que Piqué les ofrecía en su propio edificio. Allí les enviaban la comida de los mejores restaurantes. Lo sabe bien Manuel Lao.

Nadie le regaló nada y él aprendió mucho de la flaqueza humana en el mostrador del colmado de sus padre en el Poble Sec barcelonés. Eso le hizo "doctor" en psicología, por eso tenía trabajando para él a los dos primeros jueces condenados por cohecho, Joaquín García Lavernia y Lorenzo Penalva, a finales de los ochenta. Piqué tenía un despacho noble, que apenas utilizaba y otro; pero donde de verdad le gustaba ejercer su poder era en el "minarete", un puesto elevado, al final de una escalera, como un púlpito, donde echaba broncas horrorosas. Sin embargo, ante un cliente era empalagosamente amable y no dudaba en correr escalera abajo para atender a Javier de la Rosa y sus matones a bordo de un enorme automóvil de lujo subido a la acera en plena Diagonal.

Piqué era un lince para todo lo que pudiera ofrecer oportunidades en el juzgado. ¿Cómo iba a pasar por alto la llegada de Luis Pascual Estevill a los juzgados de Terrassa, como juez del cuarto turno? Se conocían de haber defendido intereses pardos en suspensiones de pagos y quiebras. Sus despachos habían estado muy próximos... De manera que cuando Pascual Estevill empezó a "entrullar" empresarios por fraude a la Seguridad Social, vino bien halagar su vanidad.

Joan Piqué[22] y Luis Pascual Estevill tenían despachos muy próximos antes de hacerse famosos, compartieron el consejo de *El Noticiero Universal.* Fueron colegas en sonoras suspensiones de pagos, como Viladomíu, o en el tremendo caso de la Seguridad Social[23].

---

22 Piqué comenzó su andadura birlando el despacho de Diagonal/Bailén a sus dos socios: Ramón Pou Serradell y Juan Manuel Rossy.

23 El caso de la Seguridad Social fue espectacular. Toda una macroperación judicial con 73 burgueses catalanes imputados instruida por el juez Francisco Javier Béjar que acusaba a colaboradores muy próximos a Jorge Fernández Díaz, como Graciniano Gómez Catón y a empresarios como Josep Puigneró o José María Juncadella Burés. Y como no imputaron a Viçenç Cardellach, presidente del Colegio de Graduados Sociales catalán, suegro de Alberto Fernández Díaz y gran amigo de Piqué Vidal.

Desde principios de los 90, Piqué vio claro que tenía que tener relajado y agradecido a Pascual Estevill. Al punto de llevar al todopoderoso Javier de la Rosa al despacho de abogado de Pascual para que le comprara cuadros que éste tenía allí colgados del pintor Jorge Castillo (octubre 1991). El óvolo fue de 60.000 euros. De la Rosa confiaba en Piqué tanto que le nombró secretario del consejo del Grupo Torras, el holding de KIO, en la época de los petrodólares kuwaitíes. Eso bañó en oro al *toga de oro* barcelonés.

Jordi Pujol Ferrusola el día de su boda con Mercè Gironès.

Josep Pujol Ferrusola con su pareja.

Jordi Pujol y Antoni Subirá en el Parlament de Cataluña.

Jordi Pujol con el autor en su despacho de trabajo de la Generalitat.

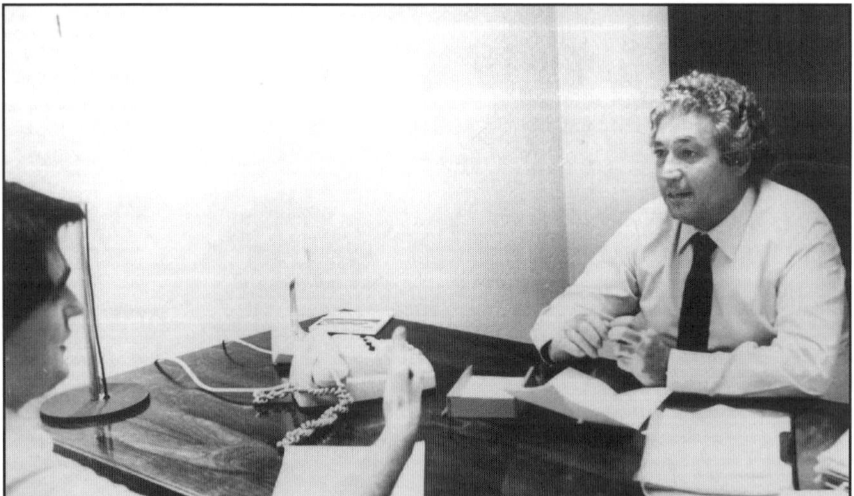

Macià Alavedra, el día que tomó posesión de su primera consejería, con el autor.

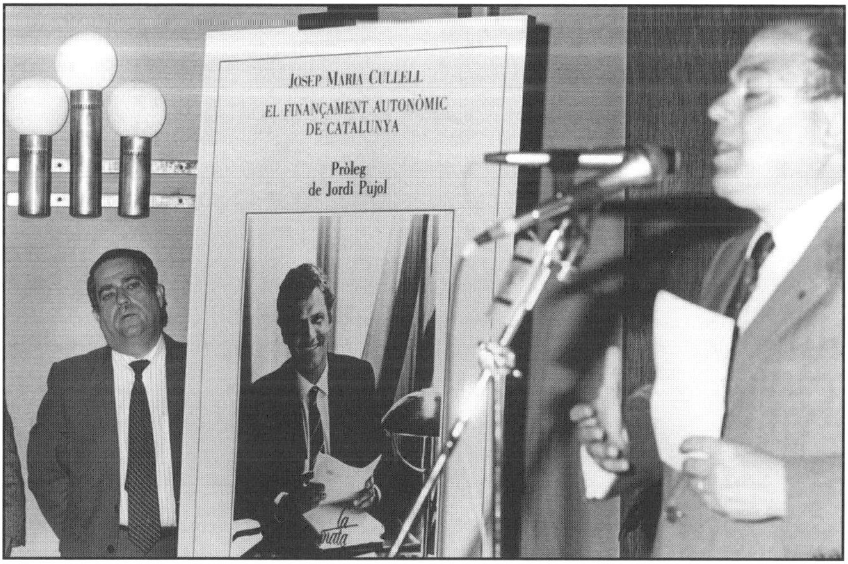


Lluis Prenafeta observa a Jordi Pujol en la presentación
de un libro de Josep María Cullell.

Jordi Pujol hijo a bordo de su Mercedes McLaren en Montecarlo,
frente al Hotel de París.

Lluis Prenafeta, secretario general de la Presidencia con Pujol e imputado años después en el caso Pretoria.

Uno de los varios Ferrari de los que es propietario el primogénito de Pujol.

Joan Piqué Vidal al pie del "minarete" desde el que daba órdenes en su poderoso despacho barcelonés.

Felip Puig y Josep Antoni Duran Lleida (con la bandera detrás).

Luis Pascual Estevill,
el garbanzo negro de la justicia española con su puro Montecristo.

Santiago Vallvé (de Unió) recoge un sobre con dinero del empresario Fidel Pallerols que financiaba a UDC con los fondos que recibía de los cursos de formación de parados (Vídeo del sumario del "caso Pallerols").

Jordi Pujol y Marta Ferrusola con su hijo mayor "*JP2*", a la derecha.

# Casinos, los Lao y el juego

Pujol exigió y obtuvo del Estado las competencias absolutas en materia de juego. La ley del juego se aprobó en 1984 y convertía a la Generalitat en sheriff plenipotenciario en casinos, bingos y máquinas recreativas. Como le pasó al PSOE con las revelaciones del contable chileno Carlos Van Schowen referidas a Filesa; un año antes, Convergència tembló con el *caso Casinos* como si sufriera un terremoto. Jaime Sentís Abad, director financiero de Casinos de Cataluña presentó una querella –a mediados de diciembre de 1989– según la cual la concesionaria a la que la Generalitat había concedido todos los casinos ubicados en Cataluña había desviado de sus cuentas 598 millones de pesetas para financiar al partido de Pujol. Eran cheques al portador en su mayoría.

Sentís era también accionista de Casinos y le dijo al juez que el empresario de los casinos Artur Suqué había desviado ilegalmente más de 2.000 millones de pesetas a diversas manos, entre ellas

las de los que gobernaban el país y adjudicaban en concesión el juego. El dinero salía de Casinos y de Luditec.

Suqué era un *pata negra* de la sociedad, desmintió los argumentos de su hombre gris y se querelló contra Sentís acusándole de defraudar fondos a sus empresas. Pensó que su palabra valía más. Él era un grande de una sociedad, la catalana, aventajada en clasismo.

Su suegro Miquel Mateu había sido alcalde de Barcelona y embajador de España en Paris, un recalcitrante franquista al que el Caudillo hizo multimillonario. Fue el que compró en 1923 el Castillo de Perelada. Pero Arturo *Popi* Suqué, era un aperturista con convicciones catalanistas y fue compañero de viaje de Pujol en Catalana.

El propio contable de Casinos afirmó haber entregado por orden de Suqué enormes sumas a dos hombres de CiU Francesc Gordó[24] (más adelante verán que su hijo Germà Gordó heredó las mismas funciones en el partido) y Albert Serra. Francesc Gordó era uno de los 100 fundadores de CDC y amigo personal de Jordi Pujol y recibía de Suqué unos 150 millones de pesetas al año, según Sentís. Por cierto Francesc Gordó fue el milagroso cajero del Partido Reformista de Miquel Roca Junyent que fundió en 1986 más de 5.000 millones de pesetas en obtener "cero" escaños.

En mitad del lío, el 19 de enero de 1990, Jaime Sentís desapareció no sin antes dirigirse a los Tribunales para comunicar que desistía de su querella sin mayor explicación[25].

---

24 El fallecido Francesc Gordó Lorente era uno de los más fieles seguidores de Pujol. Organizó el acto de Montserrat que da pie a Convergencia y formaba parte de un curioso Grupo de Acción al Servicio de Catalunya.

25 El autor en *Diario 16* el 20 de enero de 1990

Muchos vieron enseguida la *longa manus* de Joan Piqué Vidal, en la solución del conflicto. Piqué era secretario del consejo de Casinos y su abogado en el caso. Además admitió haber tenido contactos con Sentís después de presentada su querella.

Retirada esta demanda, el problema pasó a ser el fiscal Carlos Jiménez Villarejo (el que imputó a Pujol en el caso Banca Catalana) que prosiguió de oficio. Un año y medio después, Sentís, al grito de: "¡Soorpresaaa!", reapareció. Y con él los temores.

En enero de 1992, volvió a confirmar los pagos expuestos en la querella y admitió haber recibido 300 millones de pesetas de una sociedad de Suqué (Inverama) para retirar la querella y desaparecer.

Sentís aportó documentación, cerca de mil notas manuscritas de los tráficos entre las empresas de los casinos y los recaudadores de CDC. De su estudio se amplió a 1.000 millones lo desviado para favorecer a Convergència.

Se produjeron registros judiciales en Casinos y en el diario nacionalista *Avui* buscando la aplicación de los fondos. La editora del diario (que nació por suscripción popular como el primero en catalán) había sido tomada por CDC y colocado en la presidencia a Antoni Subirá. Trabajé durante algunos años en la redacción de ese periódico en la que tuve responsabilidades y dejé de hacerlo en marzo de 1989 cuando Subirá, en su despacho de la calle Consell de Cent, me aclaró: "Pero usted porque se esfuerza tanto, si –llamándose Horcajo– ya sabe que no será nunca director del *diari*". Así son algunos convergentes "en la intimidad". Luego Subirá (casado con una prima de Pujol) se hizo con una gasolinera de Petrocat, empresa de la Generalitat, administrada por el departamento que dirigía el propio Subirá.

Siguiendo los talones bancarios se dedujo en el juzgado que algunos sirvieron para pagar deudas de sociedades de las que dirigentes de CDC eran partícipes. Este primer gran caso de financiación ilegal de partido en Cataluña acabó –ya saben– en: ¡Agua!

El instructor Ramón Gomis, después de siete años de instrucción, lo archivó con un auto antológico en el que después de certificar la veracidad de lo denunciado por Sentís, se refugiaba en la nueva legislación (el Código Penal de 1995) y de la "nueva jurisprudencia" que alumbraba la sentencia de Filesa para concluir que los hechos no eran constitutivos de delito. Luego el Superior de Cataluña le metió un rapapolvo al juez Gomis pero tragó y el asunto fue ignorado por la Justicia. Ni siquiera se constituyó una comisión parlamentaria.

A Suqué también le concedieron la *Lotto 6/49* (diciembre de 1986). Fue una de las pocas veces que Lluís Prenafeta, secretario de Presidencia, quiso "visualizarse" ante la opinión pública [normalmente prefería quedarse entre bambalinas], eclipsando al director general de la Entidad Autónoma de Juegos y Apuestas, Carles Vilarrubí. Luditec, la adjudicataria que fue intensamente cuestionada, debía administrar por concesión miles de millones y tenía un capital social de 50.000 pesetas, sus accionistas estaban encartados internacionalmente por estafas. Además, a pesar de que luego se sabría que la Generalitat adjudicó la Loto 6/49 a Luditec, antes de que la sociedad estuviera inscrita en el Registro Mercantil. El *Lottogate* no pasó trámite judicial, ni costó dimisión alguna. Salió gratis y ahí comenzó la carrera del primogénito Pujol como recaudador.

Si algún convergente pretende alegar la dimisión del *conmilite* Xavier Patxot, cosa que dudo, pueden decirle que se debió a que cobraba como asesor de la EAJA a la vez que percibía el subsidio de desempleo. Vamos, un patriota…

Cirsa también fue sospechosa durante muchos de recibir trato de favor de la Generalitat. Los hermanos Lao, emigrantes de Almería (de Doña María) afincados en Terrassa, hicieron crecer desde la nada este imperio del juego propietario de más del 70% de las máquinas tragaperras. La estrechez político empresarial catalana podría quedar explicada en pequeñas anécdotas. Por ejemplo la sala de juntas de Cirsa, en Terrasa, estaba decorada con una docena de horribles cuadros de Doris Malfeito, la esposa de Macià Alavedra. El origen humilde de los Lao no explica que ese signo de falta de gusto pictórico fuera inocente.

Tras algunos encontronazos con la ley en tiempos en los que el juego era ilegal, en 1987 el juez Lerga le detuvo por evasión de divisas. Manuel Lao se pasó varios días escondido en el despacho del abogado Piqué Vidal [el *despacho de las dos puertas*] Le llevaban la comida de los restaurantes *Semon* o del *Vilaplana.*

Manuel Lao, a punto de salir a Bolsa, fue investigado por Baltasar Garzón. Alguna de las sociedades de Cirsa apareció en una trama de blanqueo internacional. Por entonces, las empresas de Lao contaban con 1.500 millones del Instituto Catalán de Finanzas (ICF), el ICO catalán. Sucedió a finales del año 2.000.

Pero se impone una ordenación más cronológica de los hechos. Las máquinas tragaperras comenzaron una nada silenciosa invasión de los bares y cafeterías desde 1978. En su segunda legislatura, Pujol se decidió a hincarles el diente, asumiendo en exclusiva la competencia en la materia. El principal grupo catalán, con diferencia, es la Compañía Internacional de Recreativos (CIRSA) de los hermanos Manuel y Juan Lao Hernández. Ambos tenían experiencia en el juego con la venta de boletos ilegales de rifas que se vendían por los bares. Ello les permitió amasar un considerable capital y sus primeros problemas con la ley, incluido un pase por la prisión Modelo.

Enseguida se fijaron el objetivo maquinitas, un instrumento legalizado de juego popular. Hasta entonces las normas las ponía el Ministerio del Interior, con eso Cirsa extendió su hegemonía tanto en la fabricación como en la explotación. Cuando la Generalitat tomó las riendas del sector en Cataluña, tenía poder para homologar las tragaperras que cualquier fabricante quisiera instalar. Por lo tanto la capacidad de influir en el reglamento permitía llevarse de calle el negocio. Esto fue muy útil a Cirsa para impedir a Recreativos Franco competir en su feudo: Cataluña.

Las modificaciones reglamentarias no se producían porque la Generalitat tuviera grandes expertos en máquinas tragaperras, sino porque se las sugería el líder del sector y sus expertos, lo que les producía un enorme plus en la competitividad de sus máquinas. Las denuncias de su competidor Recreativos Franco denunciando trato de favor de la Generalitat ocupan anaqueles enteros de las hemerotecas de esos años. Las maquinitas siempre dependieron de la consejería de Gobernación. Las tasas por las tragaperras en 1999 eran de unos 12.000 millones de pesetas. Quien tiene un Gobierno comprensivo que concede un aplazamiento de pago de 8.900 millones, tiene un amigo.

Los mejores momentos para Cirsa coinciden con consejeros de Gobernación como Xavier Pomés o Josep Gomis. Las recaudaciones de las monedas eran dignas de una colección de boleros. Por eso, los Lao acudieron solícitos a apoyar a Prenafeta una temporada con el diario *El Observador*. Aunque no es menos cierto que un sobrino de Felipe González fue enchufado en esos años en Cirsa.

Esta consejería llegaría a su culmen en 2012 cuando su ex responsable de Esquerra Republicana, Jordi Ausás, fue detenido por contrabando de tabaco. Un buen insulto a Josep Tarradellas, el que fuera consejero de Gobernación en 1932 y artífice de la recuperación de la Generalitat como gobierno de los catalanes.

Es fácil de imaginar. Cualquier modificación reglamentaria era prodigiosamente intuida, en la calle por las nuevas máquinas de Cirsa, los demás quedaban orillados de la manera "más limpia". Es *vox populi* que la familia Lao y Jordi Pujol mantenían una estrechísima relación, si bien nunca pudo probarse ninguna financiación específica a Convergència o los Pujol. A nadie se le escapa, sin embargo, la "extraordinaria" cooperación de Cirsa con CDC y sus máximos dirigentes. Y así fue como la ley catalana tragaba con los ruidos reclamo (prohibidos en otros lugares de España y consentía una mayor concentración de máquinas metros cuadrados de local, verdaderamente "de ludópata".

Los Lao se separaron y Manuel Lao se mostró más audaz y arriesgado que antes. Cirsa no se conformó con las tragaperras y comenzó a adquirir bingos para dar el salto al sector de los casinos.

# JR, el empresario modelo

Javier de la Rosa fue el gran "ungüentador" de la vida política catalana y española. No olviden que *ungüentaba* con dinero de otro, lo que –por fuerza– permite episodios de mayor generosidad. "Hijo mío se generoso... con lo ajeno", recomendaba el viejo judío a su hijo. En poco tiempo, consiguió que Enrique Sarasola comiera de su mano, por sólo 3.500 millones de pesetas; o que Manuel Prado y Colón de Carvajal, se dejara coger en brazos, disfrazado de cortijero en la Feria de Abril sevillana. Eso por tan sólo 100 millones de dólares. Pero tuvo consecuencias, pasó a ser "arruinador solidario" de Grand Tibidabo.

El diplomático manco – *Manolo* para De la Rosa– aportaba esa pátina de *glamour* que faltaba y proporcionaba el deseado acceso a la Zarzuela, para almorzar con la primera familia española. De la Rosa convirtió a Prado en consejero de Grand Tibidabo. Pero luego, por eso, el fiscal le pidió cuatro años y medio de cárcel. Le salvó del traje a rayas una de esas coincidencias que opera la divina providencia, aunque siempre toca a los bien relacionados, se llamen los Albertos Cortina o Alcocer; Alfredo Sáenz; o Prado y Colón de Carvajal.

Pincinco, uno de los inventos del abogado Juan José Folchi[26], repartió 300 millones de dólares de Torras, entre Prado, De la Rosa y dos kuwaitíes. El propio Prado reconoció haber recibido 80 millones de dólares de esa mano. Si se los quedó él, o eran para otro, queda lejos del propósito de este libro. De la Rosa confiaba en Piqué tanto que le nombró secretario del consejo del Grupo Torras, el holding de KIO, en la época de los petrodólares kuwaitíes. Eso bañó en oro al procesalista barcelonés.

Uno de los hombres que más pagó, en lo humano por su relación con De la Rosa, fue Manuel Prado y Colón de Carvajal (Quito, 1931-Sevilla, 2009). El lunes 4 de diciembre de 1995, Prado estaba en una *suite* del Hotel Arts y se preguntaba cómo su futuro estaba ahora en manos de un juez que investigaba la descapitalización de Grand Tibidabo. Su joven esposa, la sevillana Celia García, lloraba desconsolada a su lado. Estaba hundido. Por consolarle, en aquél ambiente de "fin de trayecto" le dije: "Ya verá como Su Señor, le echa una mano y no va a la cárcel". Me miró y dijo: "Él se fumará un puro". Yo tenía razón.

A Prado le impusieron prisión eludible con fianza de 150 millones. Ayudó a Pujol a defender la opción catalana ante Disney, sin éxito. Desde 1986, trabó relación con Pujol y con Prenafeta quien lo colocó de presidente de su Vilassar Internacional. Prado, a su vez, ayudó a Josep Pujol Ferrusola dándole cobertura en

26 Juan José Folchi es abogado del Estado y hombre de fina inteligencia. Había sido consejero de Economía en su juventud, con Tarradellas. Sin embargo, cedió a la codicia de *Jotaerre*, le hizo rico, pero también le llevó a la cárcel.

Nueva York con su grupo Columbus. Su error fue seguir a De la Rosa en la toma de CNL, luego Grand Tibidabo. Pero claro, eso fue por dinero, De la Rosa dijo en la Corte de Londres que le había entregado 12.000 millones de pesetas. Pero… ¿quién cree a De la Rosa?

Los convergentes no costaban tanto, por eso decía *JR* "hay que ver lo barato que está el kilo de político". Fue Prenafeta quien propuso a De la Rosa hacerse cargo del parque Tibigardens. El multicondenado tardó cinco minutos en meter en la *mélange* a Piqué Vidal, como abogado de cabecera, luego entró Juan José Folchi, al tiempo que Alavedra tomaba el control político, tras el sí, de *JR*.

Las relaciones impropias entre dirigentes de CDC y cargos de la Generalitat con De la Rosa se multiplicaban. Cuando Cullell dejó la política, pasó a estudiar idiomas en el despacho de *Jotaerre*. El cuñado de Alavedra, se incorporaba a los negocios del financiero. Elena Roca, la hija de Miquel Roca también trabajaba por allí. Con Prenafeta hacía negocios y Joaquim Molins o Xavier Trías eran amigos del alma. Otro de los ungüentados por de la Rosa es el diputado de CiU Ramon Camps.

En una boda, para hacer una gracia, *Jotaerre* dice: "Oye, *conseller*, no he podido dormir pensando en el cuadro ese tan bonito, que tenéis colgado en…" Macià le interrumpe: "Javier, no insistas ese cuadro no está en venta". De la Rosa se incomoda: "Cómo que no tiene precio". Saca un talonario del bolsillo, lo rellena y firma y se lo mete en el bolsillo superior del traje. "¡Ese cuadro ya está vendido!", dijo *Jotaerre*[27]. La escenita fue

27 "JR El Tiburón", de Manel Pérez y Xavier Horcajo, 1996. Pág. 354.

humillante, pero muy significativa. Pero los esponsales *Jotac rre*-Convergència fueron en la colocación de la primera piedra de Tibigardens, 27 de abril de 1992.

El acto fue retransmitido en directo por *TV3*, de la mano de Josep Cuní, con Roca, Pujol, y siete miembros del Gobierno convergente. De lo hondo de su relación, da fe que –en una rueda de prensa oficial[28]– Pujol afirmó que se estaba "linchando" a De la Rosa. Relacionó sus méritos empresariales y servicios a Cataluña. Es como si el presidente de Estados Unidos, hubiera defendido en la Casa Blanca, al especulador Bernard Madoff, que cumple cadena perpetua, por engañar y robar a cientos de miles de inversores.

La apoteosis de *javierismo* en la Generalitat llegó cuando provistos de unos cómicos cascos de obra a bordo de excavadores Caterpillar, Pujol y el empresario modelo –que ya era asiduo de los tratamientos de adelgazamiento– ponían la primera piedra del parque que estuvo a punto de no hacerse. De la Rosa se lo había salvado, con dinero de los pobres accionistas de CNL. En el acto, incluso leyó unas cuartillas en catalán fonético (que tuvo que ensayar en un hotel). Incluso colocó a media docena de paniaguados en pliegues de su capote empresarial. Por ejemplo, los ex consejeros Narcís Oller y Josep María Cullell; el recomendado de Alavedra, Josep Piqué (luego ministro de José María Aznar); Inma Folchi o Carles Vilarrubí. Con eso, y lo que cambió de manos bajo la mesa, bastó para que el President tuviera con él un *enlightment* que le duró hasta que De la Rosa, encarcelado por el caso Grand

28 El 3 de abril de 1992.

Tibidabo, le empezó a mandar telegramas desde la cárcel: "¡Todavía estoy en la cárcel!, Stop"[29].

Pujol produjo una declaración –que luego le reprocharían a menudo– que calificaba de "empresario modelo" al que la prensa genuflexa solo llamaba "financiero", en lo que también era una generosa conjetura. El "empresario modelo" se fue convirtiendo en pesadilla, pero Pujol estaba obligado a recibirlo aunque fuera a hurtadillas, había que salvar el *tiovivo* de Salou, como fuera. Para *Jotaerre*, el parque, era la llave de paso. El manto de protección que le iba a permitir acabar de saquear el Consorcio Nacional del Leasing (CNL). Y con lo que quedase, trataría de financiar Tibigardens el capricho de Pujol. Pero la "caja única" y las irregularidades aparecían como la erisipela.

Cuando media Convergència asistió a la inauguración de la clínica Tecknon de Mercedes Misol (la esposa de Javier de la Rosa), muchos lo hacían ya con nerviosismo. Todos sabían que aquello había salido de Grand Tibidabo. Pero allí seguían, como imanes, riéndole las gracias de *Jotaerre*. Mientras, Pujol infiltraba a su *semper fidelis,* Jaume Casajoana, en Grand Tibidabo, con órdenes para desactivarla políticamente. Así lo hizo y el control de la compañía recayó en Alfredo Sánchez Bella, ex ministro franquista. El embajador Sánchez Bella, hoy fallecido, era un tipo curioso que había perdido sus ahorros en CNL y al que gustaba recordar sus miedos en los consejos de ministros de Franco. Sánchez Bella padecía aerofagia y temía que sus ventosidades enojasen a Franco. Por ello asistía a los consejos con un certificado médico de una eminencia en el bolsillo como salvoconducto.

29 Del autor, en *Diario 16,* 2 de diciembre de 1994.

El espía de Pujol en el proyecto, Carles Vilarrubí, se plantó y se negó a desviar fondos destinados para el Parque, al holding de *JR*, Quail España. El parque volvía a estar en peligro. Entonces, Convergència presionó a FECSA para entrar en Tibigardens. Los apagones eran en esos años un fenómeno de cada verano. La Generalitat era el órgano sancionador del servicio que daba Fecsa en régimen de monopolio. Así que FECSA aceptó y su presidente Luis Magaña se prestó al papel de *caballero blanco* de Pujol. Ese es "*el país de qualitat*" que vendía el President. Al final, fue el propio Pujol quien tuvo que encasquetar el problema a la Caixa.

Hasta que la querella por la descapitalización de Grand Tibidabo llegó al Juzgado número 1 de Barcelona, de mano de la Fiscalía, todos le bailaban el agua. Fue poco tiempo después de que la Generalitat se percatara de sus manejos de "caja única" también con el parque. El fotomatón judicial fulminó aquel mundo de artimaña, guardaespaldas, espías, lujo, prepotencia recosida de pelotazos y, en suma: la apoteosis barroca del dinero. El juez Joaquín Aguirre lo mandó a la cárcel una madrugada, alguien le puso en el alféizar de su despacho en el viejo edificio judicial de Víctor Pradera tres cazuelas de barro, con tres gatos –uno por cazuela– degollados.

El llamado "financiero" es un mentiroso compulsivo. Un fabulador, entendiendo por tal a aquel que se cree sus propias mentiras. Por eso sus acusaciones, *urbi et orbe,* nunca han calado en el juzgado. ¿Cómo creer a un tío que dice que su padre murió durante quince años, si yo me lo encontré por la calle? El "resucitado" se daba la gran vida con lo robado; y un servidor quien le volvió a la vida –periodísticamente hablando– y desde las páginas de *El País,* en 1997.

El capitán de la Legión, Antonio de la Rosa Vázquez, arruinó el Consorcio de la Zona Franca. Franco le confió esa ínsula del Estado y él la convirtió en una ínsula de Barataria. Se gastó el dinero público en putas y juergas. Para colmo, a los talones para sacar la pasta, les puso fecha: "20 de noviembre". No tenía gracia, ni para los franquistas. Lo hizo: "En honor del Caudillo", explicaron sus ayudantes en el juicio. Él se había fugado y estaba en busca y captura. Su hijo mintió: durante más de quince años, aseguró que había muerto y le tenía escondido.

Precisamente eso le mandó al infierno de los mentirosos. Un ejemplo, cuando la declaró a la juez de la Audiencia Nacional, Teresa Palacios, que no tenía cuentas en Suiza. Cuando llegó la comisión rogatoria de Suiza, lo cazó, bien cazado. ¡Con lo mal se toma, una mujer, las mentiras! En fin, De la Rosa –que es un gran actor– mandó amenazas a la Casa Real, al PP, a CiU, al PSOE, pero le faltó método Stanilavsky y no le hicieron caso.

El diputado Jaume Camps fue el primero en tener problemas con el dinero que provenía de Javier de la Rosa. En las cuentas en Suiza del diputado autonómico de CDC fueron ingresados 86,8 millones de pesetas (unos 860.000 dólares de la época) entre 1990 y 1993. Camps firmó los formularios de apertura como propietario último del dinero; y así lo declaró al banco, según la documentación disponible en la Audiencia Nacional.

Camps declaró que abrió las cuentas como un "depósito fiduciario", es decir, en nombre de un tercero; en teoría, un ciudadano venezolano. El aludido negó conocer a Camps. El diputado consideró que tras su testimonio en la Audiencia el caso quedaba cerrado, por lo que se presentó de nuevo en las listas de CiU a las elecciones catalanas de octubre 1999, en las que resultó elegido. Ni Hacienda, ni los juzgados se preocuparon por el simpático Jaume Camps, que utilizaba el nombre clave *Espina* para sus cuentas suizas.

Como sin duda muchos saben, la *Santa Espina* es la más emblemática de las sardanas, casi un himno patriótico catalán. Sin embargo, pocos saben que su autor –Ángel Guimerá– la subordinó a una pieza de una zarzuela que compuso, dentro del más genuino género chico español. Y es que desde la primera edición del Quijote, que se hizo muy cerca de la Plaza de Sant Jaume, Cataluña y España forman parte de la misma cultura.

Jaume Camps lideraba su propio sector, el "tripero". Además de consultor para temas del Barça en CiU, se convirtió en una especie de "aciago demiurgo", con sus 150 millones en Suiza. Incluso tuvo la cara de organizar en Convergencia la campaña: "Todos somos Jaume Camps", como si lo suyo fuera normal. Años después sería imputado en el *caso Palau*.

Javier de la Rosa resultó ser una fuente de billetes para los convergentes, que entregaba a modo de comisiones a través de las sociedades Aciesa y Pinyer, principalmente con las que beneficiaron a varios políticos de la órbita pujoliana. Entre ellos, el propio *hereu* del President, Jordi Pujol Ferrusola. Por sus manos paso la compra del edificio de Consorcio Nacional del Leasing (CNL) para instalar la consejería de Medio Ambiente; o la central de los Mossos d' Esquadra, en el Poble Nou, entre otros. El segundo costó 1.700 millones de pesetas; mientras que el primero más de 4.200 millones de pesetas.

Incluso *JR* admitió haber pagado más de 300 millones de comisiones por esa venta (el inmueble de Diagonal, 524). En total, hasta 500 millones de comisiones por la venta de diversos inmuebles a la Generalitat. ¿Me siguen? Aciesa también financió el periódico *El Observador*, promovido por Prenafeta. Jordi Pujol hijo no sólo hizo de intermediario de inmuebles comprados a De la Rosa, sino de muchos otros.

Al final fue a la cárcel, por el *caso Grand Tibidabo*. Ocurría en 1994. Llevaba 44 días ingresado cuando, desde la prisión de Can Brians, envió varios telegramas con el texto: "Todavía estoy en la cárcel. Stop". Pujol lo justificó como una necesidad "humana de lanzar un grito". Roca recibió otro telegrama igual.

Pujol los reconoció, pero no pronunció ni una palabra de censura. Mientras, De la Rosa iba *in crescendo*. Su amenaza era cada vez menos velada. El preso de Can Brians decía en emisoras amigas que iba a "tirar de la manta". Y eso que gozaba de un trato de favor escandaloso, gracias a la Generalitat. Usaba por ejemplo móvil en su celda.

*JR* es mala gente. Su chófer-escolta Víctor Monzonís entregó en la Fiscalía del TSJC –enero de 2001– unos documentos que prueban que De la Rosa, que le solía enviar a pagar con maletines, encargaba pinchazos (por ejemplo, de Manuel Prado) a través de la empresa Check-in, propiedad de Francisco Álvarez, el famoso comisario de los GAL.

Harto de guardarle los secretos a *Jotaerre*, también entregó billetes de avión, fotos y datos de seguimientos de varias personas, para –según los papeles– "encargar su asesinato" a un grupo que respondía a las siglas *KLNF*, con el que se estableció contacto en París. El emisario de Javier de la Rosa se llamaba Francisco Osuna, miembro de la escolta de *JR*. Él llevó información a los que debían encargarse del asesinato de los periodistas Manel Pérez y Xavier Horcajo, autores del libro "*JR. El tiburón*".

Para los jóvenes que tuvieron la suerte de no vivir aquel tiempo, quiero advertirles de que en la Ciudad Condal hubo un tiempo en el que *Jotaerre* guardaba números de protocolo de una notaria para escriturar *post datado* lo que le conviniera. Que corrían las fotos-dossier hijas de sus reuniones con los detectives de la ciudad que le llevaban de todo. Iban como los ratones buscando al Hamelin del dinero. Grababa, enviaba ex policías a amenazar, chantajeaba con esas informaciones. Y lo peor es que eso era posible por la baja calidad moral de los que se las vendían.

De ahí viene el origen de ciertas conductas públicas corruptas que explican el comportamiento policial –con un comisario y varios inspectores implicados– y municipal con la prostitución de los locales: *Saratoga* o *Riviera*; las andanzas consentidas con la cocaína en el Puerto, con Mestres a la cabeza; los blanqueos con los relojes de lujo. ¡Que buen guión para una película!. Se podría llamar: *Barcelona Traction*. Debería comenzar con el furgón blindado de Prosegur atracado en el Parc Vallès de Terrassa, con dos vigilantes jurados muertos. Con la generosa recompensa que ofreció la empresa –superior a lo robado– a quien ayudase a resolver el salvaje tiroteo; y en qué bolsillos acabó el dinero[30].

El empresario más condenado de la historia en España, Javier de la Rosa Martí (Barcelona, 1947) salió de la cárcel gracias al dedazo de la Generalitat, en junio de 2003. Le aplicaron el tercer grado valorando su compromiso con la Cruz Roja, de Martorell, lo que –según criterio de la Audiencia de Barcelona fue "encubierto y no justificado". Los de Pujol produjeron tres decisiones favorables al tipo más condenado para su excarcelación y, al final,

30 Ocurrió en diciembre de 2002 y los asaltantes que robaron 202.000 euros, fueron detenidos.

la impusieron por "*collons*". Pues a De la Rosa no le pareció suficiente, "*¡Con lo que os ha dado!*", reprochaba su esposa, Mercedes Misol, al matrimonio Trías-Arraut.

Xavier Trías i Vidal de Llobatera es médico y actual alcalde de Barcelona, antes fue consejero de Sanidad y de Presidencia con Pujol. Castellanohablante, aunque el frenillo le impide destacar en la oratoria política en cualquier lengua. [Trías puede llegar a ahogarse, si le obligan a decir: "esquijama"]. Este si que hizo cosas por De la Rosa, que conoció a su mujer, Mercedes Misol en la boda de Trías con Purificación Arraut. Trías era rico, su padre tenía los laboratorios Astra, en Cataluña y en Italia. Él es un hombre sensible y entregado; marcado por una infancia en la que su hermanita se quedó paralizada de cintura abajo, con solo 12 años.

Xavier y Puri Arraut aguantaron el tirón con De la Rosa hasta el final. Recibían en su casa a Mercedes Misol con frecuencia. En una grabación que, estoy seguro, no hicieron los Trías, entre el fragor de cucharitas de café se oyen las quejas de Misol "No hacéis nada por Javier, con lo que os hemos llegado a dar… y nos giran la espalda, Roca, Pujol, Molins, solo nos quedáis vosotros". La esposa de *Jotaerre* quería que alguien le sacara de la cárcel. Estaba muy nerviosa y volvió a insistir en "lo que os hemos dado". En ese punto Trías tercia "no te lo podemos devolver, el dinero entra y se gasta, desaparece". Tremebundo. La prueba del nueve… largo.

Sin embargo, y aprovechando su afinidad con el sector farmacéutico Xavier Trías les pidió a los hermanos Gallardo que aportasen parte de los 500 millones de fianza carcelaria impuesto a De la Rosa.

El convergente que más sufrió a De la Rosa y que salva la honrilla porque se enfrentó a él fue Carles Vilarrubí Carrió. En las primeras campañas de Jordi Pujol, era él quien conducía. Acompañaba al líder carismático a las emisoras barcelonesas que le despertaron el interés por el medio. Yo lo conocí en Radio España de Barcelona, cuando Pujol acudía al programa *La Nit*, de Enric Sopena (entonces hombre del Opus Dei) un tipo que me puteaba porque yo no mostraba interés en ir a ejercicios espirituales en el Montseny. Luego Sopena abrazó el *felipismo*. Vilarrubí subía los cafés del *Moka*, que estaba abajo –en las Ramblas– justo al lado de donde vieron por última vez a Andreu Nin.

Luego Pujol convirtió a Vilarrubí en el primer director general de *Catalunya Ràdio*, con veintiocho años. Carles Vilarrubí fue director de la EAJA, clave para obtener la financiación del Gobierno por la concesión y ¿quién sabe si también lo era de la otra financiación?

Allí contactó con Manuel Prado y Colón de Carvajal y Vilarrubí abandonó la administración catalana. Prado representaba a la empresa de tecnología de juego, Gtech ante la EAJA. Manuel Prado le encomendó sus negocios privados en Barcelona, en Trébol Condal y Vilarrubí se ganó la confianza del Borja Prado, el hijo del hombre del Rey, y de su socio Jaime Castellanos.

Pujol le envió de comisario político a vigilar a De la Rosa. Le convirtió en consejero delegado de Tibigardens. Tenía que chivatear a Pujol las locuras gestoras de Javier de la Rosa, hasta que se produjo lo inevitable: salió de allí a gran velocidad y tardó años en recuperarse de la experiencia. Vilarrubí, que fue el que supo sacar tajada a la relación de CiU con Aznar, consiguió ser consejero de Telefónica, en 1996, y desde esa plataforma organizar un grupo de intereses asegurador y de otras cosas. Hizo carrera como *traginer* (arriero) de intereses ora uno, ora otros.

Vilarrubí participó también en el intento de evitar el naufragio de *El Observador,* junto al hijo del amo, Jordi Pujol Ferrusola. Ellos trataron de movilizar al "país", pero *el país* no iba con Prenafeta ni a jugar al bingo. Carles Vilarrubí rompió con De la Rosa –con escándalo– al conocer como manejaba los platillos de cerca. Se fue airado al juzgado y denunció que tenía pinchados los teléfonos y que seguían a su familia. En febrero de 1993, el juzgado 31 de Barcelona lo investigó, después de que los Mossos certificaran el pinchazo en la oficina y los seguimientos a él y su primera esposa María Rosa Jordà.

Cuando Vilarrubí se unía a Sol Daurella Comadrán –la *nena* Coca-Cola tiene entre otras muchas cosas una SICAV con 7,6 millones de euros– su vida cambió respecto a los tiempos de pionero en los que aportaba su Seat 127 y conducía en las primeras campañas de Pujol. Con Aznar, Vilarrubí consiguió además de Telefónica que le nombrasen vicepresidente de Telefónica en Perú.

Sol Daurella aportaba una gran fortuna: heredera de Cobega; además del título de Cónsul de Islandia en Barcelona, gracias a los negocios de bacalao de su familia. En su palacete de Pedralbes colgó fotografías de las antigüedades y cuadros adquiridos en Sotheby's o Christie's para que no se equivocaran con la ubicación.

Desde la mansión en Pedralbes, todo se veía diferente. Incluidas sus intervenciones en negocios del clan Pujol, que se redujeron a una buena amistad con Jordi Pujol Ferrusola y una pasión compartida participar en carreras de clásicos. Tiempos de vino y rosas en los que Vilarrubí buscaba influencia en el Barca y dirigía con Joan Cuscó el negocio de patrocinios deportivos que aportaron 19 millones de euros de los fondos públicos valencianos por organizar, con Iñaki Urdangarín de estandarte, campeonatos internacionales de tenis e hípica.

El imperio Cobega implica 16 fábricas que producen Coca–Cola, que facturan unos 3.000 millones de euros al año, con más de 5.000 trabajadores y contribuyente fiscal por unos 19,5 millones de euros. Y un centenar de otros negocios "menores", como el de Copesco-Sefrisa y el bacalao *Royal.*

Ahora los Daurella son uno de los objetivos del nuevo Gobierno catalán (CiU y ERC) con la imposición –entre sus primeras medidas– de un impuesto especial para las bebidas refrescantes con azúcar. El impuesto de 0,075 euros de *penalty*, por litro, que se interpreta como una respuesta política del independentismo. Cobega había decidido instalar la sede de la embotelladora de Coca-Cola en Madrid, unos meses antes.

# Encumbrar a Pascual Estevill

Convergencia y Pujol cometió dos graves errores en la sociedad catalana, que supuestamente controlaba muy eficazmente. El primero fue hincar rodilla en tierra ante los petrodólares kuwaitíes de Javier de la Rosa. Eso les hizo cómplices de *JR* en su viaje a los *ínferos* que dejó innumerables ruinas económicas y 30.000 empleos menos en España. Pujol y sólo Pujol convirtió a De la Rosa en "empresario modelo" porque, en 1990, salvó del cierre el parque Port Aventura. Y Pujol nunca rectifica.

El segundo gran error fue encumbrar –en noviembre de 1994– a Luis Pascual Estevill (Cabacés, 1933), juez del cuarto turno desde 1990, como vocal del Consejo General del Poder Judicial (CGPJ), en noviembre de 1994. La maniobra llevaba la firma de Miquel Roca y, en honor a la verdad, hubo un hombre en CiU que intentó frenar el nombramiento. Fue Joan Rigol, de Unió, pero fracasó. Eso supuso mezclarse con un juez que enviaba inocentes a la cárcel, a sabiendas, y a continuación un propio se acercaba a sus familias y/o empresas para ofrecerles la libertad por dinero. Nunca visto en estos pagos, algo tan vil, tan canalla.

Prevaricación, detenciones ilegales, cohecho, delito fiscal, extorsión, alzamiento de bienes, autos de prisión ciclostilado… todo cometido por Luis Pascual Estevill. Un tipo que implantó desde su juzgado el Reino del Terror, con vendettas a familias burguesas que no habían entrado en sus marranerías como abogado. Todo desde un juzgado. Él les había ayudado a desactivar el *caso Casinos*, aunque fue él quien metió en la cárcel a Planasdemunt, tal vez para que le temiesen un poquito.

Para describir hasta donde alcanzaba la impunidad de Estevill y sus amigos en la Barcelona de la época, les referiré la denuncia que ante los tribunales describieron el 3 de julio de 1992, dos barceloneses (Rafael Boronat Palacios y Luis Pedro Gragera Sagredo). Ellos mantienen que Pascual Estevill fue la persona que una noche bajó de su jaguar y posibilitó que unas personas se deshicieran de pruebas en mitad de un registro policial. Los denunciantes fueron apercibidos de que habían entrado en sus oficinas de Gabinete Praxis. Llamaron a la policía porque en su interior encontraron a algunos socios que habían forzado la entrada.

Unos socios del despacho habían vendido facturas falsas causando un fraude multimillonario que instruía en juzgado 2 de Barcelona. Los allanadores mostraron unas armas a los policías nacionales. La tensión estaba al máximo, cuando llegó el Jaguar con un tipo elegante con un puro. Éste ordenó a los agentes que se retirasen, tras mostrarles una documentación. Los pillados in fraganti, continuaron, acompañados por este individuo, entonces menos conocidos. Posteriormente, afirmaron que era Estevill. El caso se archivó por "falta de pruebas".

Lo cierto es que Pascual Estevill, que contó a su abogado Miguel Bajo Fernández que era estomatólogo. Sin haber pisado jamás una Facultad de Medicina. Era un tipo muy osado. A él se debe el archivo del *caso Prenafeta* por incompatibilidades. Sea como fuere, con su encanto se metió en el *sanctasanctórum* de Pujol. Hablaba de tú a tú con Pujol. Un gesto de confianza que Pujol no tenía con muchos de sus políticos. Poco le importó al President, que hubiera sido de Falange y candidato a procurador en Cortes por Tarragona, en 1971. Fue Pujol el responsable de que su candidato al CGPJ sea recordado como el juez de las *manos sucias,* en contraste con aquél Antonio di Pietro, juez italiano de *mani puliti.*

Al mismo tiempo, Pascual Estevill también había trabajado en la sombra para De la Rosa, presentándole, en *petit comité* a Miguel Moreiras, el juez que rechazaría por cuatro veces la primera querella de KIO contra su gestor en España, Javier de la Rosa. Por el camino quedaron facturas de alojamiento de Estevill en el Hotel Ritz de Madrid, pagadas por *Jotaerre.* Javier de la Rosa dijo para justificarlo que: “Me presentó a alguien importante para mí” y relacionó la gestión con el catedrático Díez Picazo.

Además era íntimo de Joan Piqué Vidal. Esos eran sus poderes y le sobraban para quedar investido vocal del Consejo General del Poder Judicial, el máximo órgano de los jueces. El hombre que convirtió la prisión preventiva, *el trullo*, en un instrumento de su justicia despótica en el órgano de gobierno de los jueces. Algo insólito, para un juez de cuarto turno, que saldría fatal. Muchos nunca se lo perdonaremos a CiU. ¡Que vergüenza!

La “batalla” para llevar a Pascual Estevill a prisión fue sumamente dura. Convergència sólo se atrevía a reconocer el error de encumbrar al *garbanzo negro* de la judicatura para sacarlo de los juzgados catalanes, una teoría mezquina, a la par que indigna. "Es que cada operación de Estevill le incendia el teléfono a Pujol... es mejor tenerlo contento y lejos", explicaba Alavedra, luego anfitrión en su propio domicilio de los pactos obscenos de Pascual Estevill con sus imputados. Muchas de las víctimas de Estevill eran modestos militantes y votantes de CiU.

Pero Alavedra no era una ONG, es verdad que Pujol le usaba para evacuar peticiones de convergentes empitonados en el juzgado de Estevill; sin embargo el consejero de Pujol brindó incluso su domicilio como escenario de compras de la voluntad de juez. La víctima pagó con condenas, los "paganos" pueden alegar estado de necesidad, angustia vital, inocencia o extorsión, según cada caso, pero Alavedra difícilmente puede alegar nada. Sabía que Estevill era un corrupto, su cargo público le obligaba en conciencia a actuar contra el juez y sin embargo, colaboraba con él y no hacía ascos a las propinas.

La izquierda (incluyendo a los fiscales Mena y Villarejo) y CiU con *La Vanguardia* y *El Periódico* entregados a las bondades de Pascual Estevill y media Barcelona rabiando de ira contra él. Así hasta que el Tribunal Supremo "de Madrit" nos liberó de ese yugo judicial y le inhabilitó por seis años en su primera condena el 5 de julio de 1996. La "batalla" la inicié yo, en solitario. Primero en *Diario 16*; más tarde, en *El País*. Luego se sumó a ella *El Mundo*. Para entonces, Pascual Estevill me había dedicado diez iniciativas judiciales entre demandas y querellas tanto en Madrid, como en Barcelona, tratando de silenciarme. Con el tiempo, las perdió todas. Muchos me preguntan porqué me impliqué en la "batalla" contra Estevill. No tenía amigos entre las víctimas, ahora, muchos, sí lo son; al menos eso gané en el lance.

En realidad, el motivo era más sentimental. No pude soportar ver llorar al padre de Guillermo Alfonso, un chico de 13 años, fallecido por una bengala defectuosa que se le clavó en el pecho en el estadio de Sarrià. Era un joven seguidor del RCD Español, que –junto a su padre– veía el partido en la grada. Pascual Estevill ordenó la reconstrucción de los hechos. Estevill ordenó disparar hasta 23 bengalas. No le convencía la trayectoria (siempre la misma, pero distinta a la de la bengala defectuosa que mató al chico). El padre lloraba en cada disparo. Mientras, Estevill fumaba un *Montecristo*. Me pareció un perfecto hijo de puta, capaz de tener cuentas en Suiza; de recibir cohechos, comisiones, coimas y de extorsionar a buenas personas. Decidí combatirlo y no volver a un campo de fútbol profesional. Y es que me dan miedo los jueces estrella.

Lo peor es que, a pesar de que las extorsiones le valieron 9 años de condena y otros más por sus delitos fiscales, Luis Pascual Estevill se machaca hoy en las ruidosas maquinitas de azar de los bares barceloneses. Está en libertad desde que cumplió tres años de condena. Alegó motivos de salud y obtuvo el tercer grado penitenciario, a los 72 años de edad. ¿Poco, no? Todavía menos, si tienen en cuenta esas decisiones de Estevill –que favorecieron a Convergència– y que nuestra justicia no tuvo tiempo de revisar; a pesar de saber que provenían de una pluma judicial que escribía torcido por dinero.

# Los abrevaderos de Duran

Tanto a Unió, como a Josep Antoni Duran Lleida (Alcampell (Huesca), 1952), les costó mucho entrar en el reparto del poder político con Pujol. UDC se unió a Convergencia en 1978, pero no fue hasta una docena de años después, con la amenaza de la ruptura escenificada por Durán, cuando lo consiguen. Tuvo que lanzarle un órdago a Pujol para conseguir un 25% de cargos en listas con 22.000 militantes. Ganó y el partido de "los de misa diaria" se rindió a sus pies. Comenzó a conseguir pequeñas cuotas de poder en la Generalitat: Justicia (y prisiones), Turismo y, sobre todo, Trabajo. La clave para conseguir las *menjadoras* o abrevaderos para que el partido abreve.

El poder de Duran en la Generalitat llegó a ser importante. Tanto como para disputar a su gran enemigo, Artur Mas, el relevo de Pujol. No faltaron convergentes que amenazaron a Pujol, caso de ceder el poder a Duran, con abandonarle. Algunos hasta recordaron al President, los líos del democristiano –incluso las amenazas de llevarlo a los tribunales de Judith Mascó, entre otras. Pero sobre Unió pesaba, sobre todo, la administración –como poco fraudulenta– de los fondos para ayudar a la formación de los desempleados y las denuncias de haberse financiado con ellos. Pujol lo tenía claro: el sustituto sería Artur, "*que es dels nostres*".

En 2001, Jordi Pujol nombró a Artur Mas, consejero en jefe. Diecinueve días después, Duran presentó su dimisión de ese Gobierno catalán, alegando que la designación rompía el equilibrio de fuerzas en CiU. Duran se atrincheró en el Congreso, y en la Comisión de Exteriores. En eso y en el coqueteó con eso de alcanzar un ministerio en los Gobiernos de Madrid. Mientras en CDC, siguieron considerándole un parásito, que vivía de los votos de Pujol. Todo porque Duran no dio la cara, electoralmente hablando, hasta 2004.

La sima entre los dos futuros líderes de la coalición [Mas y Duran] se trasladó al círculo más directos de ambos, sobre todo a la "mano derecha" de Mas, David Madí. Heridas que aun perduran. La federación está rota entre *capulettos* y *montescos.* Eso explica que Duran le plantase la dimisión a Pujol, como consejero de su Gobierno, diecinueve días después de que el President nombrase a Artur Mas consejero en jefe del mismo. Eso, que convertía en delfín a Mas, suponía romper los equilibrios de la federación.

La moralidad de los democristianos se vio afectada desde muy pronto. Cuando Pujol –en un arrebato a lo Max Estrella– se obcecó en controlar las prisiones y sustituir al Estado en ellas, quedaron adscritas a una consejería de Unió. Transferidas las competencias, las prisiones estaban en un estado lamentable. Por ello, la Generalitat programó en su gasto construir Can Brians y Quatre

Camins, dos nuevas prisiones *catalan style*. Se trataba de medirse con el Estado, por lo que sus presupuestos tenían el viento a favor. Una vez construidas, el catering de los presos era una mezcla de intereses entre Serhs, la cooperativa de Ramón Bagó, el convergente de Calella, y Moisés David Tennenbaum, el acaudalado empresario judío, amigo de Jordi Pujol padre[31].

Los de Unió ya habían mojado en la construcción. Fueron 2.761 millones de pesetas para Cubiertas y MZOV por Can Brians y 2.049 millones de pesetas para Fomento de Obras y Construcciones por Quatre Camins.

Nunca tuve dudas de que las prisiones tenían aromas de trinque. Pero la constatación –que les ofrezco comprobar– la tienen en el Hostal Bou Mort de Sant Martí de Canals (al lado de Pobla de Segur (Lleida). Está levantado al lado de la casa del dirigente de Unió Doménech Sesmilo (ex secretario de organización). Tiene vista al pantano y es el local de recreo de Unió de Treballadors, una entelequia sindical de Unió. ¡Qué casualidad!. El hostal tiene los mismos suelos, los mismos azulejos, las mismas barras metálicas, los mismos lavabos, las mismas duchas, los mismos enchufes, las mismas ventanas y los mismos aires acondicionados que Can Brians.

Por cierto, la *octava maravilla* carcelaria de Can Brians estaba tan bien hecha que el viento derribo uno de sus muros en 2010, por lo visto el hormigón no era muy bueno. Esto del muro caído, no se veía en una cárcel desde las historietas de los hermanos Dalton. Por cierto Brians 2 la hizo Proinosa, empresa favorecida en el caso Prenafeta y Alavedra en Santa Coloma. Mi último

31 Moisés David Tennebaum y su familia controlaban más de 400.000 acciones de Banca Catalana.

ejemplo carcelario es de 2009, con la adjudicación de la prisión de Mas Enric (Tarragona) y a estas alturas de la lectura ya podrán imaginar que los grandes beneficiarios fueron Comsa y la Emte de los Sumarroca.

Otro de los constructores pro Duran, Josep María Pinós, implicado en las Fundaciones del partido, y directivo de Obras y Servicios Hispania (OHSA) se llevó el gato al agua. Quizá eso forjó su adhesión inquebrantable a *lo Pelat*. Pinos presidió Ohsa y luego Guinovart Ohsa y consiguió auparse al consejo de Aena, gracias a la mano izquierda de Sánchez Llibre y a un PP siempre dispuesto a llevarse bien con los democristianos catalanes.

En 1997, hace 16 años, supimos de una presunta trama de financiación irregular de Unió Democrática mediante el desvío de subvenciones de cursos de formación de parados al partido de Duran. En febrero de 2010, la Fiscalía pidió penas de hasta 11 años de prisión para ex dirigentes de Unió y ex altos cargos de la consejería de Trabajo de la Generalitat, también de Unió. En total, seis presuntos culpables.

Se les imputan delitos de malversación de caudales públicos, cohecho y falsedad en la trama de financiación irregular de Unió. Los fiscales estimaron que el 10% de los fondos públicos destinados a formar a los desempleados, se desviaron al partido de Duran. A Unió se le reclama cerca de 600.000 euros, caso de acreditarse en sentencia la malversación de caudales públicos.

El empresario andorrano Fidel Pallerols tenía tres centros de formación "favorecidos" y muy activos. En sus contabilidades se hallaron innumerables facturas de gastos suntuarios de los principales dirigentes del partido. Josep Antoni Duran Lleida estuvo a la cabeza de ese derroche de dinero público, tan lejano a la moral democristiana y que financiaba entre otros Pallerols. En otras palabras, dirigentes de Unió se dieron la "vida padre" con el dinero para formar a los desempleados. Pallerols recibió 8,85 millones de euros (1.473 millones de pesetas) de manos de políticos de Unió.

Los fiscales señalan que el dinero de los fondos fue usado para comprar material de oficina e informático de las sedes de Unió y para encubrir sueldos de personal al servicio de Unió que cobraba de los centros de formación de parados. Ofrecer "montar academias" era una vía de reclutamiento de políticos en Unió. Entre ellos una cuñada de Durán.

Sabemos que existió una trama oculta tras la consejería de Trabajo, la que otorgaba los cursos, que diseño sobre la irregularidad un esquema corrupto de vaciado de esos fondos que se destinaron a las Fundaciones de Unió y a un centenar de sus militantes.

Años después un informe de la Sindicatura de cuentas catalana analizó las subvenciones (financiadas, al 50%, por el Fondo Social Europeo) dadas por los consejeros de Trabajo de Unió entre 1990 y 2001. Hablamos de 18 millones de euros. Su conclusión es simple: había que revocar el 92% de las mismas. Sin embargo, de ese dinero público sólo se ha recuperado un 1,5%.

Dos fundaciones ligadas a Unió Democrática de Catalunya recibieron fondos de la Generalitat destinados a formar desempleados, vendían estudios fraudulentos y prestaban vehículos al partido de forma habitual para que fueran usados por sus dirigentes, Esas mismas Fundaciones recibieron parte del "tesoro", un maná de 23.500 millones de pesetas que administraba Trabajo en manos también de UDC.

La Fundación Empresarial Cataluña Europa América (Fecea) y la Fundación de Estudios Sociales y Económicos de Cataluña

(Fesec) se convirtieron en importantes operadores del mundo de las academias de cursos de formación de desempleados, aunque luego subcontrataban esos cursos. El 70 por ciento de los ingresos de estas fundaciones dependía del dinero público que administraba la Generalitat.

Es muy escandaloso, pero resulta que Fecea llegó a recibir 340,8 millones de pesetas de Trabajo para dar cursos a parados. Curiosamente, recibió las primeras ayudas públicas para cursos a parados desde el mismo año de su constitución, como fundación sin ánimo de lucro. Navegaba con viento de cola.

Un pequeño piso en la calle Pau Claris, de Barcelona, y una plantilla mínima de una docena de personas –con algún trabajador que prestaba servicios de chófer para Unió– operaban el milagro de formar a cientos de parados. La Fundación reconoció ingresos que provenían de donaciones de empresas en unos 51 millones de pesetas año, el resto de su nutriente era dinero público de la Generalitat catalana. Todas las consejerías en manos de Unió encargaban informes a Fecea: Justicia, Turismo o Trabajo.

Duran utilizaba a Fecea para todo su despliegue democristiano internacional. Financió 22 viajes al extranjero del líder catalán democristiano junto a misiones de empresarios afines que le acompañaron a Polonia, Hungría, Chile o Perú. "Nada hay de extraño –dijo Durán en 1998– en que si Unió ha ayudado a cientos de empresarios a internacionalizarse; estos ayuden a Unió". "Hemos aprendido a crear Fundaciones –dijo el líder democristiano catalán– a partir del ejemplo de los socialistas". Por la boca muere el pez.

El responsable de los cursos de Fecea era Víctor Manuel Lorenzo, ex cuñado de Sánchez Llibre y propietario de otro centro receptor de ayudas llamado Gestumer.

Al mismo tiempo, la Fundación Fesec recibía 63,4 millones de pesetas para cursos de formación de desempleados. Fesec adquirió un *Audi*, que siempre utilizaron dirigentes de Unió. Dijeron que lo habían pagado con aportaciones anónimas. El objeto de la Fundación era, sin embargo, "mejorar la competitividad de las empresas catalanas y la formación de sus empleados".

Otra fundación, el Instituto de Estudios Humanísticos Miquel Coll i Alentorn, era, en esos momentos, el titular de los activos automovilísticos de Unió, aunque los propósitos de su creación eran la "difusión de los valores democráticos inspirados en el humanismo cristiano".

El partido de Durán Lleida se metió hasta las trancas en las procelosas aguas de "financiarse" con dinero público destinado a formar a los desempleados. Los investigadores del caso, descubrieron que el 10% de los centros de formación de desempleados de Cataluña tenían que ver con Unió Democrática. De los 102 centros subvencionados, 48 estaban ligados a militantes y dirigentes de Unió. A veces un mismo dirigente de Unió controlaba más de un centro. La vigilancia de la ejecución de estos centros dependía de la consejería de Trabajo, en manos del partido de Duran.

Quizá el caso más llamativo fue el del empresario andorrano Fidel Pallerols Montoya, un hombre sin estudios que consiguió "formar" a cientos de miles de desempleados, que no existieron más que en los papeles que le permitían cobrar y que supervisaban dirigentes de Unió. Lo falsificó todo, en especial firmas de asistencia, etc. Sus contabilidades son un poema de lo que llegó a pagar por cuenta de los líderes de Unió. Incluso Durán y sus huestes apoyaron a Fidel Pallerols, incluso como alternativa política en Andorra.

Las empresas de Pallerols: Cif, And y Teo, eran tan "de la casa" que sus empleados accedieron a dependencias de la Generalitat, departamento de trabajo, para resolver lo que aparecían como escandalosas muestras de fraude. El administrador de las empresas de Pallerols, Germán Honrubia denunció ante los tribunales que había falsificado más de 30.000 firmas, además se inflaban gastos, se captaban firmas de alumnos de otros centros... en fin, lo que les sobraba era dinero de la Generalitat y lo que faltaba eran alumnos.

Fidel Pallerols filmó a un próximo de Josep Sánchez–Llibre, a la sazón secretario de organización de Unió, Santiago Vallvé ,cobrando un millón de pesetas en billetes en una de las academias de Pallerols. Las cintas estaban en las oficinas andorranas de Pallerols y fueron grabadas por el mismo. Eran la entrega de fondos comprometedora.

El relato policial de las cintas de vídeo en las que Fidel Pallerols entrega dinero al dirigente de Unió, Santiago Vallvé afirma que el andorrano Pallerols propone operaciones inmobiliarias al de Unió y éste afirma que se las ha comentado a un tal "Josep". En el título de la cinta dice: "Josep Sánchez Llibre-Santi Vallvé–Valldaura 03.02.99".

Lo más escandaloso es ver al político cómo cuenta el dinero (500.000 pesetas) y se lo mete rutinariamente en el bolsillo. Uno de esos momentos de oro del patriotismo nacionalista catalán.

Según la policía, Pallerols le expuso a Vallvé un proyecto de 100 millones de pesetas en el que relacionaba a una constructora y al Departamento de Justicia de la Generalitat [entonces dirigido por Unió]. "La constructora se constituye con personal y capital español, y se efectuaría la venta de acciones desapareciendo así todos los rastros posibles" afirma el andorrano."Esta sociedad nos puede dar mucho dinero", le explica al político "sobrecogedor". Esto es e que coge el sobre con el dinero, después de contarlo, claro.

En los registros de las dependencias del empresario Fidel Pallerols aparecen muchas cartas comprometedoras. Una de ellas, incluida en el sumario tras un registro de la policía de Andorra, está dirigida a Josep Sánchez Llibre, entonces secretario de organización de Unió Democrática de Catalunya. En ella le reclama envíos de ayudas para sus tres academias de parados "para así poder atender las urgentes necesidades de tesorería de UDC". La carta es de fecha 12 de marzo de 1999.

En su memorándum, Pallerols resume un encuentro anterior con Sánchez Llibre en el Hotel Majestic de Barcelona. El andorrano afirma que le entregó el "documento de transacciones de 1998" sobre las subvenciones de Trabajo para formar parados. Según el texto, Sánchez Llibre llamó a Pallerols para que se pusiera en contacto con el que repartía las ayudas, el director general de Empleo de la Generalitat, Lluís Gavaldá. El empresario se lamenta de que Sánchez Llibre le dijo que "todo estaba pactado" pero que, a la hora de la verdad, solo le daban 330 millones (un 20% menos).

También refiere otras reuniones con una de las imputadas Dolors Llorens (subdirectora de Empleo de la Generalitat) en la que aun le rebajaron más las asignaciones "me dice que entienden que el importe es excesivo para dármelo de golpe". Luego le volvieron a citar en sede pública para que cambiase, por improcedentes, los títulos de los cursos –"ello supuso que los funcionarios (que pagamos todos) tuvieran que introducir las modificaciones de los títulos y volvieran a editar toda la documentación"–, se quejaba el favorecido Pallerols. “Otra manera de obtener dinero un poco más rápida sería con las resoluciones de 1999 –sugería el andorrano– y descontando el tanto por ciento de los cursos que pudiéramos comenzar, para así poder atender las necesidades urgentes de tesorería de UDC”.

Por cierto, este Lluís Gavaldá, director general de Empleo, aportó un *momentazo* judicial digno de *zapping* televisivo. Interrogado por su relación con Pallerols, contestó al Fiscal: “No le conozco de nada”. El fiscal repregunta: “pero, tal vez, usted que firmaba las resoluciones de adjudicación de sus academias, ¿no tuvo algún contacto con él?” Gavaldá, categórico: “En absoluto, si no le conozco, ¿Cómo podía haber mantenido contactos con él?” (Silencio). El fiscal vuelve a su mesa, y da unos pasos con una fotografía en la mano, En ella, aparecen Gavaldá y Pallerols, sonrientes en el burladero de una plaza de toros de pueblo, pintado con los colores de la bandera española. “¿Entonces como explica usted esta fotografía?, pregunta el fiscal. “Bueno, esa foto es de un fin de semana, que nos invitaron y…” respondió azorado Gavaldá. El fiscal no le deja terminar. “O sea que no solo le conocía, sino que compartía con usted su tiempo libre! El fiscal se giró y mirando al juez, dijo: “Señoría, no haré más preguntas”.

Pallerols pagaba a Vallvé en efectivo “y sin ninguna disfunción”, como demuestra una grabación del propio Pallerols. “Cada primero de mes (…) de acuerdo con lo que tú me pediste –le dice a Sánchez Llibre– no ha sido nada fácil dado que supone el tránsito de dineros de Andorra hacia España”.

El líder de Unió, Josep Antoni Duran Lleida fue alcanzado por el “caso formación de desempleados”, cuando su cuñada Cristina Colls Peyra apareció como receptora de un salario de 500.000

pesetas al mes en una empresa por la que no aparecía y en la que se daban cursos de formación a desempleados[32]. La cuñada de Durán trabajaba para Unió y ocupaba un despacho contiguo al de este en la sede del partido pero recibía su sueldo mensual del Centre d'Estudis Ocupacionals de la Dona, uno de los generosamente regados con dinero público por la consejería de Trabajo, en manos de Unió.

La entidad pagadora del salario de Cristina Colls recibió 327,5 millones de pesetas de dinero público en 1997 y el doble en los siete años de estudio judicial de los cursos. La cuñada ejercía de adjunta a la secretaría de Organización de UDC, con despacho propio.

El centro que pagaba estaba en la órbita del grupo CEAC, propiedad del fallecido Juan Antonio Martí Castro, destacado empresario próximo a Duran que recibió ese año de Trabajo ayudas públicas por valor de 829 millones de pesetas. ¡Verde y con asas!

Lo verdaderamente espeluznante fue mi encuentro con la cuñada de Durán. Vino a verme, en bicicleta, a la Zona Franca de Barcelona (donde estaba mi oficina). Estaba molesta, airada. "¡Es que yo he dejado mi carrera!", decía. "¡Qué quiere, que yo no cobre a final de mes…!", afirmó a punto de estallar.

Yo le dije que todo aquello no era ni medio normal, que era irregular. Ella fue encajando el golpe y me reveló que Duran era tan mujeriego y propicio con las chicas del partido que su padre (el abogado Colls) le había pedido que controlase la situación. El padre pidió a la hija que dejara su trabajo y se colocara cerca de Duran para marcarle en beneficio del matrimonio contraído con

32 Publicado por el autor en "*El País*" el 3 de junio de 2000.

su hermana. Sea como fuere, no pudo negar las informaciones que publiqué anteriormente y que revelaba que "Una cuñada de Duran cobró de un centro subvencionado al tiempo que trabajaba en el partido". Duran está casado con Marta Colls Peyra y tiene tres hijas que hoy son universitarias.

Otras dos cuñadas de Duran, Alicia y María Lluïsa prestaron servicios para otro ente autonómico controlado políticamente por Unió, el Consorci de Turisme de Catalunya. Como contratadas interinas. Es decir, gracias al "dedazo", sin superar oposiciones. Duran acumula un importante patrimonio inmobiliario: su casa de Barcelona, la mansión nueva de Aiguablava y el apartamento en Pla de Beret (Baqueira), son las más conocidas. Todo con hipotecas y amortizaciones muy elevadas cada año.

Duran siempre tuvo fama de depredador femenino. En uno de sus viajes a Chile, aburrido de ir al "Enmanuelle", atacó en su hotel. Le entró nada más y nada menos que a una recién casada, que viajaba en su propio séquito, y que era la joven esposa de uno de los hijos de Artur Suqué, íntimo de Pujol y presunto financiador de CDC. Diez minutos después, Suqué llamaba a Pujol y le montaba la marimorena por la insaciable tendencia a *cherchez la femme* de Duran.

"Es un salido, insoportable", me confesó una vendedora de la tienda de moda italiana Pal Zileri, a la que suele acudir lo Pelat, "Yo tuve que salir de allí porque no le soportaba", dice una bella vendedora del comercio madrileño. La misma técnica usaba antes en Barcelona.

Dicen que hay un Duran antes y otro después de un percance de salud, al inicio de la campaña de 2008, y que se localizaba en su pulmón. Es posible. También hay quien dice que no tuvo nada y que era el mismo quien divulgaba gravedades que no tuvo. Desde luego, el anterior Duran era puro frenesí y entrega a los placeres más exclusivos que otros pagaban por él.

Es el *caso de Pallerols*, en sus contabilidades yacen facturas de coñac *VSOP*, *incroyables*, en el Hotel George V, de Paris; gabardinas de la elitista tienda de moda *Aramis* de Barcelona (la del Conde de Godó, de toda la vida) e incluso otras picardías no aptas para un democristiano. Picardías que incluyen a la plana mayor de Unió comiendo opíparamente en *La Perla,* un popular restaurante del Poble Sec, donde se hacían servir champagne francés Veuve Clicquot, después de hacerle arrancar las etiquetas. "Champagne transvestido", decía el camarero. También me hablaron del "francés sin etiqueta" en Leopoldo, la popular casa donde cenan los burgueses que van al Liceu.

Siempre se ha dicho de los democristianos que son cristianos de cintura para arriba y completamente demócratas de cintura para abajo. Pero lo de Duran superó los límites de un partido tan histórico como recatado en su moral, desde los tiempos de Carrasco i Formiguera, el histórico líder de Unió.

Las facturas pagadas por Pallerols por cuenta de Fecea (Fundación de Unió) acreditan que las parisinas *mademoiselle* Nathalie Graff y *mademoiselle* Jadot pernoctaron en el Hotel Victoria de Barcelona, una noche de mayo de 1996. Las recogió en el aeropuerto de El Prat, otro dirigente de Unió, con coche del partido, en labores doméstico–inconfesables.

Los agentes receptores –no voy a usar aquello de *in-out*– Eugeni Pérez Moreno y Vicenç Gavaldá, fueron descubiertos por los suegros del primero, con las *mademoiselles* de busto escandaloso traídas de Paris, como dulces *noisettes*[33] de pago. "No tengo nada que ver con ellas, son cosas del Calvo", les dijo, tratando de expurgar responsabilidades. Por *el Calvo*, cualquiera en esa fecha hubiera interpretado un nítida referencia a Duran. Al día siguiente volvieron a París, una de ellas tuvo que adquirir en Barcelona una pieza de lencería femenina, tal vez perdida en el *jumelage* (hermanamiento).

Este "*petit affaire*" no tendría mayor trascendencia, si no fuera gracioso que la *mademoiselle* de la lencería se llamaba Corpo, de nombre. ¡Penalty!, porque los democristianos siempre respetaron el Corpus. Las pasearon en los coches del partido, las llevaron de compras y presumió de ellas, *lo Pelat* en el restaurante Jean–Luc Figueras en plan manos largas. El crápula las llevó de fin de fiesta a una discoteca de un hotel. Y... ¡destino esquivo!, allí se toparon con unos militantes de comarcas. Duran en pleno cortejo ante los palmeros (media docena de dirigentes acompañantes de juerga). La incómoda presencia de los de comarcas, frenó a Duran y su orgullo de macho alfa sufrió esa noche porque las *mademoiselles* acabaron en la pista solas en un tórrido numerito lésbico.

Tres íntimos de Josep Sánchez Llibre se lucraron con centros de formación de parados que recibían dinero público de la consejería de Trabajo de la Generalitat. Sánchez, hay que reconocerlo, es un cachondo. Llamándose Llibre (libro) de segundo apellido; utilizaba el apelativo: *llibre*, para referirse a un millón de pesetas. "Hay que conseguir 50 *llibres*", decía; por 50 millones. Los mismos millones que, a veces, le llevaba en persona y maleta Jordi Pujol Ferrusola del hermano fraterno CDC. Los centros de estu-

33 En francés un cortado, pero se utiliza como sinónimo de algo dulce, reconfortante y calentito.

dio de estos tres militantes de Unió recibieron 790 millones de pesetas de Trabajo entre 1994 y 1999. Los beneficiados fueron: Salvador Rovira, Josep Górriz y Víctor M. Lorenzo. Además, los tres coincidían en ser proveedores de "informes y estudios" al Consorci de Turismo, cuando este estuvo bajo control de los democristianos.

Salvador Rovira fue compañero de estudios del diputado Sánchez Llibre; Víctor M. Lorenzo, es su excusado; y Josep Górriz Aparicio, un amigo íntimo de Vilassar de Mar, su pueblo. Sánchez Llibre reconoció, en su día, su relación con esas personas, aunque negó su implicación en esos negocios favorecidos por la influencia de su partido. Del *marrón* que encubrían estos negocios, da idea que "los tres amigos" vendieron las academias nada más comenzaron las investigaciones sobre los presuntos cursos de formación de parados. Además, los nuevos dueños dejaron –sospechosamente– de recibir ayudas desde ese mismo momento.

Las ayudas para formar a los desempleados "dejaron" en Cataluña unos 125.681 millones de pesetas, en los seis años que van de 1994 a 1999. Esa fortuna la administró siempre un hombre de Unió. El 45% del dinero lo ponía el Fondo Social Europeo (FSE). Los centros relacionables con Unió, sus dirigentes y militantes y familiares directos (unos 50) recibieron aproximadamente 13.800 millones de pesetas.

En el sumario del *caso Pallerols* aparecen pagos de supuestas comisiones a varios militantes de UDC. En la contabilidad existía una hoja llamada: "410.00.001 UDC-Comissions GCDT" [¿Quizá Generalitat de Catalunya Departament de Treball?] donde se consignaban estos pagos por un montante de 126,9 millones de pesetas. Entre ellos Enric Millo, Josep María Puig, Emilia Martí,

Lluís Gavaldá, Pere Grau, Josep Gascón, Vicenç Gavaldá, Joan Toribio, Albert Colomer, Susana Díaz, todos dirigentes significados del partido de Duran; e incluso, el propio Sánchez Llibre. Algunos explicaron en el juzgado que eran pagos con los que se les compensaba de "sacrificarse" haciendo política del lado de Unió. Una "prima" que pagaban los impuestos de los ciudadanos y que encubre financiación irregular de actividades políticas.

En enero de 2013, un Fidel Pallerols envejecido, mezcla de Steven Seagal, José Feliciano y Chiquito de la Calzada, salía del Tribunal Superior de Cataluña con la libertad comprada y una maleta de color rojo chillón. La fiscalía había aceptado negociar con los acusados y concederles –a cambio de 388.483 euros– dos cosas: que Durán no se sentará a declarar y que ninguno de los imputados (tres fueron absueltos) reciban penas menores que no les obliguen al ingreso en prisión. Era la primera vez en la historia política española en la que un partido reconoce que se lucró de forma irregular con dinero público y renuncia a defender en el Tribunal su inocencia. El acuerdo implica admitir que desviaban los fondos para formar parados a sus bolsillos.

Era crucial que Josep Antoni Duran, *lo Pelat* ("el pelao") –que es como le llaman en el partido– se sentase a declarar como testigo. Además es que el propio Duran dijo en una entrevista radiofónica en 2000, que dimitiría si se confirmaba la financiación ilegal de su partido. Por supuesto, *lo Pelat* sigue, a pesar de haber asegurado en varios medios de comunicación que "dimitiría si se demuestra que Unió se ha financiado con los cursos". Pues bien, inmediatamente después del pasteleo judicial, Duran se fue de viaje a Chile. Allí se permitió comparar uno de los casos de corrupción más graves de la historia política española, con la siguiente situación: "es como cuando el dueño de una casa, hace obras, y unos obreros producen un escape de agua… Su responsabilidad es relativa y subsidiaria".

Resulta que los de Unió consiguieron dilatar el juicio por este caso de malversación con dinero *santo* (el destinado a formar a los desempleados) catorce años, dieciséis desde que el escándalo saltó a las páginas de los periódicos. Y cuando el asunto llega –por fin– a su broche judicial, al momento de las condenas, al de acreditar que las academias financiaban a Unió, entonces: "¡Queremos negociar!". Y la Fiscalía tragó, incluso retiró la acusación de Dolors Llorens y de M. Cruz Guerrero. Durán –también desde Chile, donde fue a quitarse de en medio varias semanas– no dimitió, se limita pedir perdón como quien pasa por ascuas y a reiterar que su partido no ha sido condenado por financiación ilegal. La sentencia califica a Unió de "participe a título lucrativo" y concreta penalmente que Unió compró material de oficina e informativo con el dinero robado a los parados.

Los democristianos catalanes que tenían un centenar de centros de formación de parados, que falsificaban firmas de noche, que se iban de juerga con dinero público, quisieron negociar… Y la Fiscalía se avino a negociar. "Paguen y tendrán condenitas, de esas que no obligan a entrar en prisión", parece la conclusión de Fiscalía... "Paguen y a las señoras imputadas las dejaremos en casita, sin condenas".

La Justicia, esa señora que pintan con balanza en mano; y los ojos tapados, igual para todos; fue ultrajada. Claro, es que se trataba de un delito imputado a políticos. Con dinero e influencia, se compra una sentencia. Con influencia incluso se compra un indulto, caso que te condenen (como Servitje); o una mini condena de dos años (para no ingresar en prisión).

Aunque, poco tiempo después, la Audiencia de Barcelona (sección segunda) dinamitaba el acuerdo y enviaba a prisión a Pallerols y a los hermanos Gavaldà, a pesar de que sus penas, y sin antecedentes penales, no hubieran sido motivo de ingreso, en condiciones normales. La Audiencia quiso enviar un aviso a los políticos como una forma de "intimidar a todos aquellos ciudadanos/políticos que pudieran sentirse tentados a realizar conductas" de corrupción. Y así quedó escrito.

## El Consorci

La corrupción política de CiU se cobró una victima: Joan Cogul Capdevila. El juzgado 11 de Barcelona le imputó por la malversación de 984.292 euros entre 1993 y 1995, cuando este joven de Reus, políglota y aficionado al teatro, dirigía el Consorcio de Turismo de Cataluña. Los líderes de Unió le proporcionaron abogado. Estaba en sus manos. Le buscaron trabajo en una firma hotelera y le enviaron a abrir nuevos mercados al sudeste asiático. Le pedían 12 años de prisión y cuando el juzgado le emplazó a juicio, Cogul se vino abajo. El requerimiento hablaba de: presuntos delitos de prevaricación, malversación de fondos públicos, falsedad en documento oficial y negociaciones prohibidas a funcionarios.

El día que debía regresar a España desde Manila (Filipinas) uno de sus hijos le encontró muerto en la ducha. Se había disparado un tiro en la cabeza [17 de diciembre de 2003]. En Barcelona algunos dudaron de su muerte. Implacables, no aceptaban sus cenizas como prueba. *Sic transit gloria mundi.*

El caso *Turismo* cerró sin conocer el destino final de ese dinero público. El juez siguió el rastro de algunos talones, pero se demostró que, al ser de un importe menor, se cobraron por ventanilla. Sí se probó, y así aparece en las diligencias, que las empresas beneficiarias carecían de medios para los trabajos que se les encargaron y que los informes del sector turístico que realizaron eran inútiles o copias de otros folletos, incluso de informes de la Administración central.

Entre los acusados figuran militantes de Unió Democràtica de Cataluña (UDC) como Santiago Vallvé, Modest Batlle, Víctor M. Lorenzo o Eugenio Guijarro, ex socio de Josep Sánchez Llibre. La propia Intervención General de la Generalitat probó que el organismo público abonó informes a dirigentes de Unió. Por el camino desparecieron unos 2.800 expedientes de contratación de la Administración catalana.

La viuda de Cogul, Carme Fargas, mostró una carta manuscrita de despedida con reproches a jueces, fiscales, periodistas y a su partido. La viuda (cuyas empresas también eran contratadas por el Consorci) admitió que recibía 600 euros al mes de Unió desde dos años antes de la muerte de su marido. Ella y una de sus hijas se mudaron a Manila, muy molestas con el trato recibido de Duran Lleida. Es "un acosador", decía la viuda. Carme Fargas había insinuado antes que su marido había sido presionado por altos cargos de UDC para desviar fondos. Joan me lo adelantó personalmente en una comida en el Hotel Barceló-Sants de Barcelona, Él y ella señalaban a Sánchez Llibre, Lluís Alegre y. Josep Cerveró como los autores de esas presiones.

La Audiencia de Barcelona condenó a penas de hasta tres años y medio de cárcel a 10 personas, nueve de ellas militantes de Unió

Democràtica (UDC), por malversar casi un millón de euros en el Consorcio de Turismo de Cataluña, dependiente de la Generalitat. La sentencia consideraba que se trata de "un caso de corrupción en el seno de la Administración pública".

Conocí a Josep Sánchez Llibre (Vilassar, 1949) cuando era un joven cachorro de Suárez, en UCD y el CDS, junto a José María Mesa Parra, luego Gobernador de Girona y a Xavier Martí Monllor, hoy fallecido. Conocidos en aquellos tiempos como *el trío de la benzina* (el trío de la gasolina) porque les auguraban una vida llena de peligros. Mesa Parra, que había sido alcalde de El Prat antes, fue en los años de expansión en Cataluña, el hombre de Alcampo y de las grandes superficies en Cataluña. Y Unió y Sánchez Llibre los que tenían la llave para permitir, por ejemplo que Alcampo se instalara en Sant Boi de Llobregat. El resto lo dejo a su imaginación. Xavier Martí Monllor que se autodenunció por un escándalo financiero, cuenta que Sánchez Llibre era de los pocos amigos que le iban a ver a prisión.

Sánchez Llibre empezó dando sablazos de 100.000 pesetas para Unió en el Maresme, su comarca. Ahora parece, sin embargo, que nació millonario. Accionista de Conservas Dani[34], titular de innumerables propiedades, incluyendo una discoteca "759" que no le fue muy bien. De hecho, es la discoteca en la que se encontraba el consejero en jefe Artur Mas, mientras los catalanes se quedaban colgados, sin suministro eléctrico, en trenes y carreteras. Estaba inaugurando (marzo de 2001) la discoteca fallida de Sánchez Llibre en su pueblo, mientras a los catalanes les pedían que no salieran de casa. Por ello fue intensamente criticado, sobre todo

34 El Instituto Catalán de Finanzas (ICF) también regó Conservas Dani con más de 9 millones de euros.

por los que se quedaron colgados en trenes y carreteras porque los quitanieves no daban abasto.

A Josep Sánchez Llibre le asaltaron la casa el 27 de abril de 1997. Eran dos encapuchados armados que se llevaron lo que tenía en una caja fuerte, hay quien dice que 500.000 pesetas y hay quien dice que más. Sánchez estaba con un amigo. Allí los dejaron, atados y amordazados, después de amenazarle simulando un secuestro e incluso una ejecución.

En esos mismos tiempos tuvo lugar una inversión identitaria ridícula, de *grandeur,* en pleno París. La Maison de la Catalogne, que costó más de 1.000 millones de pesetas desde 1998 hasta 2007 cuando finalmente se cerró. Era una casa de Cataluña, con *bistrot* situado en el parisino bulevar Saint Germain que albergaba un nido de irregularidades y excesos a ritmo de cerca de 4 millones de euros de pérdidas por año. La Maison dependía de Antoni Subirá, consejero de Industria, Comercio y Turismo, y estuvo a punto de costarle la reprobación en el Parlament, si no fuera por los votos del PP, que le salvaron; acosado por la suspensión de pagos de la adjudicataria y el rosario de pérdidas generado.

Volviendo a la honorabilidad de Unió, otro caso estallaría más adelante y desparramó una cantidad brutal de facturas falsas que circulaban en bancos y cajas correspondientes a la Fundació Catalunya i Territori (110% de Unió). Los mismos directivos de la Fundació con su presidente, Josep Boqué a la cabeza, dirigían un grupo empresarial, IMS, que estafaba a bancos para pagar deudas de Unió en el período de "vacas flacas" del gobierno Tripartito.

El caso está pendiente de resolución pero acusa de estafa y malversación a varios dirigentes de UDC además de estar a punto de afectar a Josep Sánchez Llibre, a pesar de ser aforado. La estafa es del orden de 5 millones de euros y 1,7 millones en lo directamente imputable a IMS. Este "tomate" que estalla en 2010 permitió saber el ACS, BBVA, Abertis y la Caixa pagaban en total unos 2,5 millones de euros por año a la Fundación[35].

Otrosí, el constructor Josep Cornadó Mateu, titular de Copisa (Constructora Pirenaica) pagaba deudas de las campañas de Unió. ¿*Do ut des*? (doy para que me des).

35 Según nuestro marco legal, las donaciones a Fundaciones de partidos tienen un límite anual de 150.000 euros como máximo

# Felip Puig y el clan del *pinyol*

Felip Puig no dispone de una gran capacidad de seducción que justifique su meteórico ascenso en la política. Lo suyo ha sido sintonizar con todas las líneas de confianza del *clan Pujol*, del padre al último de los hijos. Puig –que milita en CDC desde 1976– está en la onda de los negocios del *hereu*, y es más independentista que el que más. Su implicación en el *clan del pinyol* (la convergencia de segunda generación) le presentaba como líder mientras al clan le interesó que creciera Oriol. Cuando estuvo preparado Puig cedió el paso y Oriol Pujol se convertía en portavoz y en secretario general.

El encumbramiento de Puig fue idéntico al de Oriol Pujol. Ambos batieron récords de juventud al asumir responsabilidades en la administración de Pujol padre. Felip se convirtió en director general a los 28 años, "tiene labia este chico", decía Pujol. Lo fue de Bienestar Social, con el consejero Antoni Comas, en 1988. Su papel era a medias "guardián de las esencias"; a medias mamporrero de los intereses del clan Pujol.

Los Pujol confiaban en él, porque se lo había ganado en la Joventut Nacionalista. Allí aglutinó una segunda generación del partido con jóvenes como: David Madí, Jordi Martí, Francesc Homs, Germà Gordó, Oriol Pujol, Josep Rull, Damià Calvet, Jaume Pedrós, Jordi Turull, Antoni Gelonch, Joaquim Triadú o Xavier Martorell. Puig supo mantenerlos unidos, dar la cara por ellos, y confiarles poder. Un grupo capaz de mirar por encima del hombro a un andaluz, por serlo. Puig dijo, por ejemplo, que Montilla iba de vacaciones "al pueblo" para marcar distancias con un emigrante andaluz.

Esa segunda generación de CDC quedó trabada, en parte gracias a esos partidillos semanales de fútbol sala en Castelldefels, que acababan en copas en Sutton o en Tango. Puig demostró que la "segunda hornada" de dirigentes de CDC podía ser muy útil, actuando contra Roca, cuando Pujol le quiso sacar de la política. Hoy se ha convertido en un soberanista prepotente, incapaz de mostrar las facturas de las obras de su casa en la Cerdanya.

Eran tiempos felices. En la casa del Golf de Vallromanes con Josepa Ninou[36] –la madre de sus hijas–, luego en los 2.000 vendría la cuesta abajo. Puig justificaba su adscripción política en un

36 Cuando Josepa Ninou, era la esposa de Felip Puig, no hizo ascos a gerenciar el Centre de Promoció de la Cultura Tradicional y Popular, dependiente de cultura y receptor de subvenciones de la Generalitat. Hay que ver como es la recóndita armonía, con permiso de Puccini, y como tira el concepto de "carn ego" (carne propia). Qué curioso que esta palabra de origen latino dio lugar –mal empleada– a uno de los insultos tradicionales que algunos catalanes prodigan a los inmigrantes: "¡Charnego!" Pues paradójicamente le están llamando carne de uno mismo.

abuelo materno de la Lliga Catalana y otro (materno) en ERC. Era lógico que lo educaran en el Costa Llobera (escuela laica, progresista y catalanista que seguía el impulso de Rosa Sensat). Allí conoce a Jordi Pujol Ferrusola, ambos nacidos en 1958. Felip Puig se licenció en Ingeniería de Caminos, Canales y Puertos y se diplomó en Administración de Empresas, ambas cosas en las Politécnicas de Barcelona y Madrid, respectivamente.

Pero en Bienestar Social, le apareció el primer "percance". La Generalitat heredó las viviendas de protección oficial de Cataluña (las VPP) y las sometió a una entidad pública: Adigsa que dependía de Felip Puig y se dedicaba a rehabilitar esas precarias viviendas y a promover vivienda social nueva. Adigsa dio concesiones que incumplían trámites administrativos [esto es se adjudicaban "a dedo" y "deprisa, deprisa"] sobre todo cuando hacía de intermediario un tal Penín.

Josep María Penin empezó a trabajar en la Generalitat a principios de los noventa, adscrito a Bienestar Social y se convirtió en el "conseguidor necesario". Años después, con Maragall en el poder, algunos empresarios acudieron a cobrar trabajos encargados por Adigsa y se destapó el escándalo: pagaban "mordida" por obras. No constaba la documentación, se habían saltado trámites. De ahí proviene la crítica del 3% formulada por Maragall en el Parlamento catalán.

El constructor Juan Antonio Salguero denunció haber pagado hasta el 20% de comisiones por obras recibidas de Adigsa. Penín fue imputado. Puig dijo no conocer a Penín. Entonces una foto fulminó a Felip Puig. En ella aparecían con camisetas de color violeta y pantalón corto, Puig agachado en mitad de un equipo de fútbol y justo detrás Penín. Era el equipo de la propia Adigsa. Penín declaró en Fiscalía que tanto Puig, como Oriol Pujol, estaban al tanto de la operativa en Adigsa. Luego, ante el juez, se desdijo. Penín es hijo, de un segundo enlace de la viuda de un primo hermano de Puig.

En el procedimiento, Ricard Murga, empleado de Adigsa entre 1988 y 1995 y antiguo coordinador de seguridad de CDC [Penín también fue guardaespaldas y chófer de dirigentes de CDC], aseguró al juez que él mismo ingresó en una cuenta particular de Felip Puig cheques de constructores en no menos de 20 ocasiones. Puig se querelló contra Murga.

El juzgado de instrucción número 3 de Barcelona apreció la existencia de varios delitos y responsabilizó a ocho responsables de Adigsa, entre ellos, Ferran Falcó, su presidente (luego primer teniente de alcalde de CiU en Badalona) y Josep Antoni Fondevila, el arquitecto Jordi Huguet o el responsable económico, Xavier Sala.

Poco a poco, el "clan del *pinyol*" ocupaba más y más parcelas de poder convergente. Primero los gabinetes de los consejeros de Pujol. Luego las direcciones generales y, al final, las consejerías. Para entonces Felip Puig era el hombre fuerte del partido tras controlar consejerías clave en los enjuagues económicos: Política territorial y Obras Públicas en los tiempos del 3% que denunció Maragall en febrero de 2005. Como consejero, Puig no tuvo problemas en convertir a su hermano [Oriol] en Director del Servicio Meteorológico de Cataluña (2002-2007). Antes había ocupado puestos menores en muchas consejerías.

Su vida política se compatibilizó, a través de su familia, con los negocios de los hijos del President. Un hermano de Puig, Jordi, fue "fichado" por el empresario José Manuel Gómez (junto a Jordi

Pujol Ferrusola) para agrandar su empresa de piedras. Se llamaba Akendo, luego Natural Stone, cuando dio un tremendo "pelotazo". Alfombró de mármol el suelo del remodelado aeropuerto de El Prat, poco antes de las Olimpiadas de Barcelona. Natural Stone acabó siendo Iniciatives Marketing Inversions y la que fuera esposa de Jordi Pujol Ferrusola (JP2), su administradora única.

Jordi Puig –gran aficionado a las maratones– rompió con JP2, en 2006 y dejó de ser apoderado de la firma, también lo fue de otras como Iberoamericana de Business and Marketing, la inmobiliaria Ascot y sus filiales, Ibadesa Cat, Projectes i Inversiones del Terra, Pratca, Iniciativas Davins, Forum Valor, Cultius Marins del Delta del Ebre, Co Ge Iberia, entre otras. Jordi Puig fue peón de brega del despacho de influencias de Jordi Pujol Ferrusola en la calle Ganduxer, conocido en Barcelona, como "el nido del cuco".

El declive de Puig comenzó con la trágica crisis del Carmelo, ocasionada por el hundimiento de unas obras de metro promovidas por su departamento y provocó el desalojo de 1.276 personas durante más de un año. Durante la travesía del desierto que supusieron para CDC los años de Gobierno del Tripartito, con Pasqual Maragall y Josep Montilla, Felip Puig tomó bajo su mano la financiación del partido. Años en los que se pedían óvolos, a cambio de futuros favores "cuando mandemos". Un trabajo muy difícil. La vuelta al poder con Artur Mas, solo significó para Felip Puig ser consejero de Interior.

Lo que nadie podía imaginar es que Felip Puig Godes confiara sus ahorros a un subastero de Palafrugell, Jordi Cuxart, conocida porque trató de resucitar las motocicletas *Ossa*, produciendo una enorme subasta de acreedores. Resulta que Puig recibió más de 284.000 euros del subastero entre 2009 y 2010, poco antes de ser nombrado consejero del Interior en el Gobierno de Mas. Este "hallazgo" corresponde en mérito a la Agencia Tributaria, en sus inicios, y a la Guardia Civil después. ¿Lo hubiera detectado una Agencia Tributaria dependiente de la Generalitat?

El dinero provenía de Info-Cobro, otra empresa averiada de Cuxart que dejó 32 millones de euros de pasivo colgados. Cuixart también facilitó dos créditos hipotecarios a Oriol Puig Godes, su hermano, por más de 900.000 euros. ¿Por qué recibió Puig dinero de Cuixart? ¿Compraba cosas en subastas judiciales? Todo es posible en ese mundo. Pero sin duda el lío más grave de Felip Puig se llama *caso Palau*.

# Prenafeta & Alavedra, el sector *negocis*

Las caras de Macià Alavedra Moner y Lluís Prenafeta Garrusta al bajar del furgón policial, con sus enseres en una bolsa de basura y los calzones –sin cinturón– sometidos a gravedad positiva; eran las más parecidas a la de Napoleón cuando fue derrotado por aquel despreciable ejército ruso del decadente Zar. Eran los dos principales barones del "sector negocios" de Convergencia y caían en una operación de corrupción inmobiliaria junto a varios socialistas. Estaban en manos de Baltasar Garzón y éste los utilizó para mandar un mensaje, poco antes de que comenzara su particular *falling down* en la carrera judicial que culmina con su separación por prevaricador. Garzón quiso advertir a la clase política de su omnímodo poder instructor atizando los traseros de los dos ex políticos de Pujol.

A Garzón le importa la justicia, lo que al cazador la liebre. Esos nombres le sonaron a tronío catalanista y se fue a por ellos.

Como no tuvo inconveniente en sincronizar su reloj con el del ministro socialista de Justicia, Mariano Fernández Bermejo; la fiscal del caso y el jefe de la policía judicial; se trataba de joder al PP (en la oposición) con el *caso Gürtel* .

A pocos kilómetros del encuentro cinegético que cobijó la verdadera cacería contra los de Rajoy, y que, por cierto, se celebró en la finca de un farmacéutico catalán [llamado José Peñas], hay un club de chicas de carretera. Una especie de casa de putas abierta las 24 horas. Una de ellas, hábilmente interrogada por un colega periodista respondió a la pregunta de si le había prestado servicios sexuales, que sí. Sobre si sabía de quien se trataba, que no que al ser extranjera apenas lee en español y que no sigue las noticias en televisión. Requerida sobre cómo se portó don Baltasar con ella; dijo que bien, que ella le llamaba: "Mi Richard Gere, gordito". Tras esa respuesta, el colega, boquiabierto, no pudo, ni con el oportuno: "No hay más preguntas, Señoría". En atención a las muchachas de ese club *Sala Lido* (más conocido en la zona por "La Sangre"), y a las más de 300.000 explotadas sexualmente en España, permitan que –con la lógica repugnancia por este negocio– llame a uno de los que lo hace posible a continuación: *Richard Gere, gordito.*

El descrédito de *Richard Gere, gordito* no va a hacer que Alavedra y Prenafeta caigan, de repente, simpáticos al gran público. Nada de eso. A cada cual lo suyo. El juez que pidió el certificado de defunción de Franco, cuarenta años después de su muerte, apreció que los dos convergentes formaban parte de un grupo organizado en torno al Ayuntamiento socialista de la populosa Santa Coloma de Gramanet.

Para adentrarse en *Prenafeta & Alavedra*, al margen de las incompatibilidades de las que ya hemos hablado, conviene recordar algunos tránsitos curriculares que les pasearon por la acera del mal, cuando –por condición de su cargo– debían estar en la otra.

La particular *Road to perdition* de Alavedra empieza con su relación con De la Rosa, castellanohablante, y de familia franquista. ¿Por qué enjabonaba tanto a uno que "no es de los nuestros"? Macià Alavedra (Barcelona, 1934) es hijo de Joan Alavedra, secretario de Macià (le pusieron ese nombre en homenaje al presidente republicano de la Generalitat). Diputado en Cortes en 1977 y consejero de Gobernación desde 1984. Fue el encargado por Pujol para soldar la entrada de Javier de la Rosa en CNL, en 1990, que trajo la ruina a miles de familias ahorradoras que confiaban en el esquema piramidal de los anteriores dueños, dirigido por José Ruiz.

Cuando Prenafeta dejó de ser secretario y *alter ego* de Pujol, algunas de sus funciones de fontanería, las heredó Macià Alavedra. Por ejemplo, siendo consejero de Economía participó en una reunión en el Hotel Ritz de Barcelona entre Alfonso Escámez y Luis Pascual Estevill (14 diciembre de 1992) justo el día de antes en el que el entonces juez instructor *del* 26 de Barcelona tenía citado al banquero del Central por el *caso Macosa.*

El encuentro facilitó 320.000 euros al *garbanzo negro* de la judicatura española. A cambio, el juez no incriminaría a los colaboradores del Central en el caso. Antes Pascual Estevill se lo había "currado", a su manera. Imputaba a los pequeños para tirar del hilo hasta los importantes y "que se fueran acojonando". Por no hablar de cuando acudió a tomar declaración al consejero Alavedra en su despacho por el caso Planasdemunt, en octubre de 1992. Le montó el número de exigirle que le cediera la silla, y se hizo servir un *whisky.* Luego le guiñó el ojo y se quedó encantado con sus explicaciones. Tragaba, luego amigos para siempre, Martin Scorsese no lo plasmaría mejor en sus films.

Con esos precedentes, a nadie extrañó que años después Alavedra prestase su domicilio particular para un encuentro secreto que reunió a directivos del grupo Central con el abogado Piqué Vidal tras la imputación en el caso de las aseguradoras del Central Vitalicio y La Estrella (cuyos principales directivos están en prisión) del doctor Carlos Zurita, duque consorte de Soria y esposo de Margarita de Borbón, hermana menor del rey Juan Carlos I.

La vivienda del consejero en la calle Rio de Oro es un gran dúplex. Allí fueron llegando Luis Magaña, el recientemente contratado para defender a Vitalicio Seguros, Piqué Vidal, José María Amusátegui, Juan María Nin, su hombre en Cataluña; Juan Vives, abogado de Fecsa y su anfitrión Alavedra. Luego declaró en el TSJC que se fue a la cama nada más llegaron porque tenía gripe. Allí se recuerda que lo de Macosa se arregló con el pago de 130 millones de pesetas. A eso de las diez de la noche aparece en el cónclave el propio juez Estevill, aupado por los fiscales Mena y Villarejo y la prensa de izquierdas a la condición de "azote de la burguesía catalana".

El propio Pascual Estevill les puso el precio: 300 millones en sus cuentas de la Banque Darier, en Ginebra. Eso y él se olvida de Zurita (rompió el auto de imputación ya firmado) y dejaba en la calle a los directivos. A todos les destrozó la vida. No habían hecho nada. Se llamaban: José Luis Pérez Torres, Jaime Varela, Miguel de los Santos Geijo y Adolfo Barón. Aunque se fuera a la cama, Alavedra prestó su casa para que se cometiera un delito, aunque hubiera consideraciones humanitarias a tener en cuenta.

Ni siquiera eso puede ir en descargo de la conducta de Alavedra. No fue solucionar un problema a los grupos industriales de la banca española o a la Casa Real. Fue un asunto *pro domo sua* que se demostró en las investigaciones judiciales del caso Estevill. Hubo una compra masiva de cuadros de la pintora Doris Malfeito, esposa de Alavedra, por parte del Banco Central Hispano.

La pintura es como los folios en blanco. Lo aguanta todo. Pero cuando varias personas coinciden en que los cuadros de Doris más que pintarse se perpetran, cabe inscribir los impulsos de compra de estas obras, en el confín de lo escaso. Ella suele facturar y cobrar en efectivo lotes de cuadros a galeristas como Jaume E. Garcés, de la Galería d'Art Calella, o bien organiza exposiciones en las que compran por teléfono empresarios bien relacionados con Alavedra, como Antoni Puig, Ramon Miquel, Antonio Peñarroja, Jaume Mercadé o Josep María Esteva.

¿Cuánto? Pues, por ejemplo, en enero de 2001, fueron 4,5 millones de pesetas, más de lo que ganaría Velázquez, si pintase hoy, y no tuviera "padrino". Hijo de un gran pintor y socarrón como pocos, Alejo Vidal-Quadras (uno de los pocos que plantó cara a Pujol) me decía con su peculiar voz: "Pero, ¿cómo quieres que sea un cuadro, si la firma es Malfeito?".

Lo de Alavedra tenía un punto de insaciabilidad. Le cazaron vendiendo acciones de Cahispa; evitaba el escándalo en la convergentísimo Grup de Consellers Financers ( y lo cobró); surfeaba con John Rosillo y acabó convertido en *bróker* del poder. De todo aquello y las generosas aportaciones de De la Rosa, que luego lo asaeteó con telegramas desde la cárcel reclamándole ayuda "por lo mucho que te he dado", le permitieron hacerse con un yate de recreo *Sunseeker 50*, al que puso por nombre *Dorotea IV*, cuando todavía ejercía como cargo público.

Media Costa Brava criticaba sus exhibiciones junto a la pintora y su perrita. Una tarde de otoño "alguien" en la Casa dels Canonges susurró al oído de Pujol que lo de Alavedra perjudicaba a la causa, "cobra por todo", y que lo de sus cuentas en Suiza era *vox populi*. En julio de 1997, Pujol decidía prescindir de él. Le entregó un mullido colchón jubilatorio, pagado por otros como la concesionaria de autopistas, Abertis. Sin embargo, el no supo decir que no al dinero fácil de ganar con Prenafeta.

Desde que Lluís Prenafeta y Macià Alavedra ingresaron en prisión provisional, por cobrar comisiones en operaciones inmobiliarias públicas de algunos ayuntamientos catalanes, como el socialista de Santa Coloma de Gramanet, cientos de lastimeras historias inundaron Barcelona. Doris fue imputada también por un delito de blanqueo de capitales. Detalles de las detenciones, del traslado primero al cuartel de la Guardia Civil en Sant Andreu de la Barca y, sobre todo, de su conducción en furgón *clase choro* a la Audiencia Nacional para plantarse ante *Richard Gere gordito*.

Garzón había sacado una vieja investigación sobre blanqueo de capitales que afectaba al despacho barcelonés de los hermanos Javier y Gabriel Petrus Labayen, que judicialmente produjo resultados en la filial del BBV Privanza. Se dedicaban a acarrear dinero a la Isla de Jersey, en el canal, y a Madeira, paraíso fiscal portugués. A finales de 2009, el titular del cinco de la Audiencia Nacional detectaba actividades ilícitas de blanqueo en Andorra, Suiza, Gibraltar, Madeira, Portugal y las Islas Caimán. Les calificaron de "grupo organizado" de delincuentes.

La descripción del magistrado era muy precisa "lograr modificaciones de los planes de ordenación urbana, el cobro de comisiones, cohecho, fraude a la Hacienda, fraude a las subvenciones de la Unión Europea, exacciones ilegales, tráfico de influencias entre los componentes del grupo, aprovechando los cargos institucionales de unos, la posición y contactos políticos de otros, y la actividad empresarial de los demás". Lo suficiente, defendía Garzón, para arrancarles de sus opíparas vidas de caviar, champagne y puros, de sus mansiones en Barcelona o la Costa Brava y de sus yates y mandarlos a una prisión en el frío de la sierra de Madrid.

Alavedra & Prenafeta arreglaban, presuntamente, los papeles de promociones en la Generalitat para el socialista alcalde de Santa Coloma, Bartomeu Muñoz, de acuerdo con el también socialista Luis *Luigi* García Sáez. Así ocurrió con varias promociones urbanísticas de ese y otros municipios, como Badalona o San Andrés de Llavaneras. Gracias a la "protección" política las promociones podían reducir su espacio reservado a viviendas de protección, en favor de superficie comercial y vivienda libre, aumentando el beneficio del promotor. En pocas palabras, conseguían el visto bueno de la Generalitat en tan solo 9 días.

Las comisiones por esos "servicios" se repartían al 33,3% entre Alavedra, Prenafeta y García Sáez. Todas las recalificaciones que movieron resultaron favorables al adjudicatario, nunca al municipio. Unos 637.500 euros por cabeza para Alavedra y Prenafeta. *Luigi* se embolsó más de 8 millones de euros. Los empresarios imputados fueron Josep Singlá, Lluís Casamitjana y Manuel Carrillo.

Mientras, en Barcelona, se describían desgarradores momentos de la esposa de Prenafeta [Lluïsa Mas], arrodillada ante los beneméritos. Lo cruel de los pantalones agarrados con una mano para evitar su caída, desprovistos de cinturón. La caída y posterior lesión de rodilla de Alavedra. También circuló lo mal que se portaban con la pintora Malfeito, a la que su abogado Joan Córdoba Roda no advirtió que debía llevar el libro de familia para entrar a ver a su esposo ingresado en el centro penitenciario de Soto del Real.

Todo eso circulaba porque en Barcelona los coriáceos convergentes ya preparaban un homenaje a su salida de prisión. En lugar de retirarles el saludo, les transmitían su respeto… "*Once upon a time Barcelona*". De ello se encargó la Fundación Catalunya Oberta, con Marc Prenafeta (hijo) y Joan Laporta, presidente del Fútbol Club Barcelona como caras visibles. Se les trató como a dos mártires del *sector negocis* de Convergencia. Artur Mas y Felip Puig, el *masover* (cuidador de la finca) del clan Pujol, estuvieron más fríos, eso sí aludiendo a la presunción de inocencia, defendieron la honorabilidad de ambos.

A Duran Lleida le tocó ir a "Madrit" a esa genuina mezcla de queja/petición de árnica de la que tanto saben en CiU. Le pidió a José Luis Rodríguez Zapatero un trato mejor. Se quejó de que la instrucción contenía grabaciones de dos años antes (como si las grabaciones prescribieran) y del trato recibido de Garzón "para con dos personas de 70 años, que superan la edad penal". Lo calificó de vejatorio y de monstruoso. Zapatero le aseguró que no sabía nada del asunto pero cuando le despedía cometió un error. Para "coleguear" le reveló que, él sólo conoció de una operación policial que estaba a punto de desatarse, pero eran políticos del PP en Murcia.

Aquello ponía en evidencia –Duran se encargó de extenderlo– que la Fiscalía anticorrupción informaba de sus pasos al Presidente. La operación se conoció poco después en Águilas, contra la hija del alcalde, pero fue un clamoroso fracaso; la chica estaba tan inmaculada que ni siquiera pudieron sacarla en el Telediario, con las pulseras de metal.

La gestión de Duran hacía presumir una pronta excarcelación de Prenafeta & Alavedra, pero el fiscal se opuso y siguieron. Prenafeta en la litera de arriba y Prenafeta en la de abajo, por una temporadita. Que imputaran tales andanzas delictivas a unos probos nacionalistas, tan patrióticos ellos, y que el asunto no acabara en ¡Agua! Hizo que las lágrimas asomaran también en mis ojos. Solo interrumpidas por el pavor a que algún día la justicia sufriera también la inmersión en el nacionalismo… ¿Sabríamos algo de corrupción en una justicia catalana desligada del poder judicial del Estado español?

Los registros en el domicilio de Alavedra y sus oficinas privadas permitieron a la Inspección de Hacienda elaborar un informe que remitieron al juzgado firmado por el Jefe de la Unidad, Isidoro García Milán, que afirma que Macià posee una cuenta secreta en el *Credit Suisse* de Ginebra con el número 4771419 y que podría ser el titular de otro depósito (83115) de la Banque Edmond de Rostchild, en Lugano, que tiene por clave: "Tortuga". También se le detectaron intereses ocultos en Caimán, Madeira o Andorra. No me imagino a Macià sufriendo en un avión de TAP tratando de aterrizar a menudo, en uno de los aeropuertos más peligrosos del mundo. Será que no tenía que poner un pie en Funchal, el pueblo de Cristiano Ronaldo.

Por cierto, la frecuente aparición de referencias a una dama andorrana, de nombre Gloria, llevó a los agentes de la ley a fisgonear sus teléfonos y resultó que no era una testaferro, sino una chica que prodigaba sus cariños a Alavedra, aunque a algunas señoras pueda escandalizarlas. Quien se ocupaba de la fortuna era Phillip McMahan Bolich que en 1992 vivía y trabajaba en Suiza.

El fiscal el caso sospechaba que Alavedra había cobrado del Grupo Siemens y Gas Natural por las adjudicaciones de centrales térmicas en Vandellós y Escombreras, a través de sociedades como Buic Trading, Celeri Consultadoria y Survey Servidos de Consultadoria. Se sospecharon fondos en la *Banca Reig* y el *Banc de Sabadell* de Andorra la Vella y la *UBS* y el *Banque PKB* de Ginebra. Las comisiones rogatorias a esas entidades, las firmó el juez Pablo Ruz, en octubre de 2011.

De hecho, los defensores más acérrimos de Pujol relacionaban, en sus *tenidas*, la salida de la primera línea política, en el escándalo de lo que Philip Bolich invertía para Alavedra. Bolich fue empleado de Pujol en Catalana.

Prenafeta & Alavedra se creyeron "intocables", en un país donde no hay Elliot Ness. Ambos actuaban como dos inmoderados *bon vivant* y compartían una cotidiana frivolidad, de la que es incapaz Pujol. En el buen comer, son asiduos de *El Bulli*; Ca l'Isidre; Carmen Ruscalleda; incluso de la juerga. Solo Alavedra era capaz de cantar solemne *Els segadors* –junto a Pujol– en un acto político por la mañana y acabar la noche en el *Up & Down*, bailando sevillanas con Doris Malfeito, ella acompañada por maquilladora-retocadora propia.

La milenaria cultura japonesa condenaba a los curtidores de pieles a vivir en grupos endogámicos, alejados de las ciudades y sin poder mezclarse con otros que no fueran del oficio. Lluís Prenafeta Garrusta (Ibars d' Urgell, 1930) llegaba a la política con la fama de haber hecho triunfar a la peletera de su familia, Tipel, convenciendo a los clientes de la misma en Italia de la bondad de sus productos en una piel abundante y barata: la de cerdo. Conectó con Pujol y le hizo ver la necesidad de pasearse por el mundo con rictus de jefe de Estado. El primer ensayo fue México y Venezuela, en 1976 (antes de ser President). Luego de todo, incluso a pagar por una foto *opportunity* con George Bush. El adagio catalán "Pagando, San Pedro canta" era el lema de Prenafeta en los 10 años de sombra de Pujol en la secretaria general de la Presidencia, con golpe de Estado incluido.

A Prenafeta le gustaba recordar sus orígenes humildes. "Mi padre –decía– adoquinó la calle Balmes". Se convirtió en "imprescindible" en los avatares de sortear el jaque mate de Banca Catalana. Luego convenció a Pujol –periodista frustrado– de que sólo si contaba con las riendas de unos medios de comunicación poderosos, se mantendría en el poder.

Fue él quien organizó *Catalunya Ràdio* y *TV3* confiando en profesionales de valía: Eva Algarra y Alfons Quintà. Esos medios, bien dirigidos, y con buenos presupuestos que se ganaron al público. Prenafeta compró personalmente la serie *Dallas* que doblada al catalán llevó a muchos a *TV3.* Lo de menos fueron las comisiones pagadas a Henry Kissinguer. Quintà mandó a Estados Unidos a los técnicos de *TV3.* De allí volvieron con una televisión moderna, aunque Pujol era el rey de los *Telenoticies*, como Ceaucescu en Rumanía.

Luego vino el gran desorden en los medios públicos. Por ejemplo, el vivido con Jordi Vilajoana, ex Tiempo BBDO, que defraudó a tirios y troyanos; renovando apoyos a tipos como Ramon Fusté un sorprendente negociante de derechos televisivos, que presumía de tener un Rolls Royce por la "R" de Ramon y un Ferrari, por "F" de Fusté y añadía feliz: " y un Mercedes para los días laborables".

Es un tipo al que le gustaban las cosas caras y viajar a lo grande. La consigna con los periodistas era: "¡Que no falte de nada!". Incluso Prenafeta demostró ser más listo que los chicos de Cebrián. En aquellos tiempos, *El País* se ponía estupendo: "No nos dejamos invitar a los viajes de Pujol. Si decidimos acompañarle, nuestro periodista se pagará su plaza en el avión y su hotel". El enviado de *El País* era José Antich, hoy director de *La Vanguardia* gracias a Josep Piqué y a Carles Vilarrubí, quien con la agenda de *El País* en la mano, decía: "Lluís, yo voy a tomarme un *Lagavulin*, que dice aquí que es el más caro..." Prenafeta hacía chasquear los dedos ¡Trash! y traducía los deseos del periodista al camarero.

Limusinas, hoteles, copas, todo a mayor gloria del President, sin robarle un minuto de gloria, y con dinero de todos los catalanes. Pujol viajaba más que González, más que Aznar, más que nadie...

El peso de Prenafeta en el *clan Pujol* era inmenso. Podríamos decir que hijo de segundo padre de los mayores, un *goodfellas* para Jordi y Josep, que se iniciaron en el *business* en las empresas de Prenafeta, y con los contactos de *Prena,* como aquel Manuel Prado y Colón de Carvajal que desplegaba sus encantos en Nueva York como pocos españoles en los ochenta. En 1987, Prenafeta organizó la Entidad Autónoma de Juegos y Apuestas (EAJA) catalana, con el concurso de Carles Vilarrubí. Prenafeta controlaba a Suqué de Casinos al que introdujo en las loterías de la Generalitat.

Tanto poder, lo obnubiló. No tenía tiempo si quiera para imaginar que un pequeño grupo de accionistas de Iberia de Seguros podía derribarle. A él, devoto de Maquiavelo, unos desconocidos cuestionando que ejerciera de *consiglieri* de Pujol, al tiempo que de consejero de Iberia de Seguros, la compañía del genial Enric Bernat (dueño de *Chupa Chups*), propietaria de la *Casa Batlló*, la joya modernista del Paseo de Gracia.

El día que Prenafeta fue al juzgado de Pascual Estevill, a declarar sobre la querella que le imputaba incompatibilidades con su cargo público, lo hizo acompañado de su abogado. Hasta ahí normal. ¿Imaginan quién era? Sí, Piqué Vidal, que debió tener varios ataques de risa esa mañana. Estevill decidió ¡oh sorpresa!, que no había indicios de delito[37].

Fue como un jarro de agua fría, en fiscalía, en las redacciones de los medios… ¿Para qué arriesgar la carrera, si luego les arreglan el problema?". Esa reflexión les servirá de ayuda para comprender mucho del silencio, no cómplice, que ha imperado por décadas en Cataluña. Por ejemplo, Macià Alavedra debió haber dimitido en 1992, cuando le pillaron ejerciendo de consejero de Economía y Finanzas (antes lo fue de Industria) y, a la vez, estaba en el consejo de compañías de contadores de gas y electricidad (Metrelec y Metregas). "¡Cómo os gusta a los periodistas tocarle los cojones a los políticos, con las manos frías!", solía decir en catalán el consejero, apodado *el Gordo.*

37 Para entonces Pascual Estevill ya tenía un enemigo en la prensa, era yo. El resto le hacía la pelota, como Joan Tapia que comía con él una vez al mes. Desde las páginas de *Diario 16* y *Cambio 16* y desde la revista *Economices* empezaban a salir los desmanes de Estevill, por ejemplo ordenar la reconstrucción de los hechos de la muerte de un joven de 13 años, Guillermo Alfonso, por una bengala defectuosa en Sarriá, el viejo estadio del RCD Español, a la vista de las cámaras. Le puse el apodo periodístico de *Lobo*, porque tenía a los patricios catalanes atemorizados como corderos. Es lo que tiene ir a contracorriente, que luego los apodos que pones se popularizan.

"It's now or never", como decía Elvis Presley. Ahora o nunca recordar con una historia de sus inicios políticos, cómo es Macià Alavedra. Acababa de tomar posesión como consejero de Gobernación en el Salón de la Virgen de Montserrat, cuando le entrevisté. Le recordé que ante varios periodistas había manifestado que ser consejero culminaba sus aspiraciones... y no le gustó. Estalló entre exabruptos y dio por acabada la entrevista, que al día siguiente recogí en las paginas de *El Noticiero Universal*[38].

Ya fuera de la Generalitat, Prenafeta fue de los primeros en echar el ojo a la Rusia de la *perestroika*, como oportunidad de negocio. Fue listo, apostó por Boris Yeltsin, cuando era candidato a la Presidencia de Rusia. Le hizo invitar por *TV3* y pagó sus cuentas del Hospital privado de la Diagonal, cuando se le averió la columna en Barcelona. Le ofrecieron intervenirse de hernia discal y él lo aprovechó y le sacó a Prenafeta hasta una operación de juanetes y algunas botellas de vodka.

Cuando Prenafeta salió de la Presidencia de la Generalitat, puso en marcha Juspi, una multiexportadora que pretendía colocar en Rusia excedentes agroalimentarios catalanes y *excedentarios*. Y, claro, llamó a la puerta de Boris Yeltsin, que con un vaso de vodka en la mano le aseguró facilidades, como podía haber rebautizado el Volga como Besós, "en nombre de todas las Rusias".

Prenafeta no tuvo en cuenta que en Rusia no basta con calentar el bolsillo del que manda, hay que calentar otros. Las mafias locales asaltaban una y otra vez sus almacenes en suelo ruso. Incluso asesinaron a un vigilante y produjeron abultadas pérdidas a los socios de *Prena*, Agrolimen, Nomen, Codorniú, Casademont, etc.

38 *Del autor, en fecha, 26 de agosto de 1982.*

Las ideas geniales de Prenafeta arruinaron a algunos que no se lo perdonan aun hoy. Pero él continuó vendiendo Rusia y el Este de Europa, junto a Alavedra, coparon un salón del Restaurante Vía Veneto, donde vendían oportunidades a constructoras españolas, antes de la crisis.

Al sobrado Prenafeta, De la Rosa también le parecía un *fatxa,* hasta que por orden de Pujol le propuso que salvara el proyecto de Port Aventura después del plantón de Disney y de la huida de Anheuser Bush. El abogado Piqué Vidal les puso en la misma sintonía. Tanto que no dudó en acudir a él para financiar el periódico nacionalista *El Observador* para hacer frente a *La Vanguardia* de Joan Tapia (cuando era un periódico pro-socialista y monárquico).

Prenafeta & Alavedra parecían tener imán para acercarse a tipos de Camino del Mal. Ambos eran muy amigos de Juan Manuel *John* Rosillo, hijo de los fundadores de *La Equitativa* y educado en Houston. Rosillo, fallecido hace tres años en Panamá, huido de la justicia española por dos sentencias que le condenaban por delito fiscal, una y homicidio, la otra. Rosillo les presentó a los Caprile, de Huarte. Esta constructora aportó 60 millones de pesetas a Prenafeta y éste les consiguió 2.000 millones en créditos de tres cajas catalanas, sometidas al control político de CiU.

José Manuel Rosillo Cerrejón, "John" por su educación en Texas, convirtió su Kepro en una mina de oro y parte de sus plusvalías fueron a parar a los bolsillos de Jordi Pujol Ferrusola. Se trataba de convertir terrenos industriales de Macosa, Montaña Quijano, Boixareu o Textil Balanzó en el centro comercial Diagonal Mar. Kepro pagó 12.000 millones de pesetas por los terrenos de Macosa para levantar Diagonal Mar.

Él volvía de Estados Unidos donde su tranquila familia de la seguradora La Equitativa le había desahuciado por bala perdida. Volvió con un máster en los vicios y maneras más estridentes y corruptas. Alavedra introdujo a Rosillo en el *gotha* político-financiero barcelonés. Macià, gran amigo, nunca faltaba a las *fiestukis* de la mansión de Santa Cristina de Aro donde residía en verano, salpicada de cipreses y pintada de morado toscano.

Rosillo se casó (creo que con su secretaria) e hizo poner en la piscina (de gran tamaño) la motora con la que pensaba pasearse por la Costa Brava. Una horterada muy del gusto texano. Por eso, cuando en su despedida de soltero alguien le dijo que el juez Estevill –*Lobo*– estaba a punto de cazarle, él dijo que sólo tenía que hacer una llamada a Houston. El gesto que acompañaba al comentario ya permitía suponer que la llamada no iba a ser al Ranger Walker…

La bravuconada tuvo consecuencias, Estevill se enteró poco después. Al fin y al cabo, Barcelona es un pueblo grande; y se enfureció. Se fue a ver a Alavedra y le dijo que pusiera "a escuadra" al pollo Rosillo o, de lo contrario *ocell a la gàbia* (pájaro a la jaula). Es la expresión favorita del gánster *Pascualone* Estevill para referirse a cuando metía a alguien en la trena.

La persecución por varios asuntos, llevó al extravagante Rosillo a Miami primero y a Panamá después, donde falleció en su habitación del hotel Ambassador, el 21 de octubre de 2007. Para entonces Rosillo estaba en busca y captura desde 2002. La justicia española le condenó por fraude fiscal de 8,5 millones de euros en los manejos de Kepro y además un día, borracho, atropelló a una persona y la mató. Panamá no concedió la extradición de Rosillo a España.

Ser un huido de la justicia española no fue obstáculo para que enfundado en una llamativa chaqueta de millonario *sureño* acompañara –en helicóptero– a Josep Pujol Ferrusola a elegir propiedades por la región panameña interoceánica. El periodista norteamericano Jon Lee Anderson, les pilló por casualidad en pleno *raid* inversor, en 1999.

Cuando Aznar empezó a hablar catalán en la intimidad, CiU consiguió tomar el poder del Port Autònom de Barcelona y poner al frente del mismo a Joaquim Tosas, que por pasar el día entre cubitos de hielo y licor escocés dejó a Prenafeta gobernar el puerto a sus anchas. No se movía una grúa sin que él sacara tajada.

Por ejemplo, la empresa que colocó una central de ciclo combinado de 800 Mw, soltó mucha tela en comisiones. La situación en el puerto era tan siciliana, que el ministro de Fomento de la época, Francisco Álvarez Cascos, ordenó que lo auditasen y conminó a Pujol a poner orden, con la amenaza de intervenirlo. Por cierto, el Puerto de Valencia se puso por delante del de la Ciudad Condal. Otra hazaña del nacionalismo.

Los *pelotazos* portuarios repusieron el patrimonio de Prenafeta, tanto como para invertirlo en la Fundación Catalunya Oberta, desde la que pedía dinero "para Cataluña", aunque uno de sus primeros objetivos fue impulsar a Joan Laporta para que fuera presidente del Barça. El yerno de Juan Echevarría se convirtió el ariete nacionalista de CiU, aunque luego quiso volar solo. Perdido el rumbo, acabó sin poltrona política.

# ¿Qué tal señor Millet?

Cuando el epicentro del music hall barcelonés, el Paralelo, atraía a los artistas centroeuropeos, Franz Johan y Artur Kaps "Los vieneses", tenían un número: "¿Qué tal señor Pujades?, ¿Qué tal señor Castells?", que se burlaba de las conversaciones de cortesía propia de los burgueses de la Ciudad Condal. En su honor va este "Qué tal senyor Millet? (en estos tiempos, tendría que ser en catalán, porque si no estrenas en el "Paral.lel").

A la musa griega protectora de la música, Euterpe, hija de Zeus, le vino un vómito. Una espasmódica émesis al enterarse de lo que, sin permiso, hacía Félix Millet en el Palau de la Música catalana: convertirlo en la taquilla del burdel de los pagos de CDC. Félix Millet i Tusell, a pesar de su rancio abolengo, de ser un Millet con lo que ello representa en la cultura catalana, ya tenía expediente en materia de tufos. Era uno de los tres políticos convergentes arrollados en 1974 por el caso Renta Catalana, junto a Joaquim

Molins y al peculiar Josep María Trías de Bes. Aquella inmobiliaria que dirigían los hermanos Ignacio y Antonio María Baquer y que produjo un "pufo" predemocrático.

No puedo resistir hacer un paréntesis sobre Josep María Trías de Bes, al que Ramon Trias Fargas denigraba recordando que era un "Trias de res", esto es un "Trias de nada" para distanciarse a pesar de compartir primer apellido, conviene advertir que fue el primer "hombre del maletín" al que conocimos en España. El entonces convergente se presentó en una comisaría en los setenta dispuesto a denunciar el robo de un maletín con 22 millones de pesetas que llevaba en su coche y que, según afirmó, había dejado abierto. Luego Trias de Bes saltó a la fama haciendo aburridas apologías de los delitos económicos de Javier de la Rosa, campeón europeo de esta especialidad. El hombre del maletín fue repescado por Aznar en un mal día y luego convertido en presidente de Transmediterránea, compañía pública.

Volvamos al tema: el Palau de la Música es una joya del *noucentisme*, un edificio especial donde generaciones de catalanes despertamos nuestra mente a la música clásica. Como una perla entre calles estrechas, el Palau es uno de esos orgullos de la Ciudad Condal, del que cuelgan otras singulares joyas de la sociedad civil como el Orfeo Català. Pujol se entregó durante décadas a un control de Cataluña y de sus iniciativas privadas identitarias: de las mutuas al Barça, pasando por la música o los colegios profesionales. La clave era colocar a "uno de los nuestros" al frente.

El Palau de la Música era una institución catalanista ejemplar. No recibió bombas anarquistas durante la Semana Trágica, como el Liceu, su gran rival. No se doblegó ante el franquismo, como los de las Ramblas, con sus joyas y sus binóculos y sus señores Rius. Los del Palau eran gente discreta, con *charme,* incapaz de un escándalo. Por eso prefirieron la sombra de la primera sede de La Caixa de Pensions para emplazarse. Ese activo fue dinamitado por Millet y Montull, dos truhanes de la alta sociedad. Ellos junto a buena parte de sus familias se llevaban la pasta (no menos de 20 millones de euros) ofreciendo al Orfeo Català para que hiciera de tapadera del dinero sucio rumbo a Convergència.

Todo se sabe gracias a la denuncia de un "propio" que mediante anónimos fue tirando de la manta. Los investigadores comprobaron después que Millet & Montull (como aquellas viejas compañías industriales catalanas) pagaban los banquetes de las bodas de las hijas con fondos del Palau; hacían fabulosos y exóticos viajes, poseían embarcaciones lujosas, como Montull, todo gracias a su Fundación sin ánimo de lucro.

En el *caso Palau*, era Félix Millet un "intocable", un "patricio" de la sociedad catalana. Claro, con cuenta en Suiza. Millet desarrolló para CDC una trama de financiación irregular según se desprende de la investigación judicial. Se encargaba de "ordeñar la vaca" de ciertas empresas, bajo la tapadera de su control sobre las Fundaciones del Palau. Bajo esa apariencia de espiritualidad desinteresada, Millet repartía el botín, parte para Convergencia, parte para él por poner a disposición el Palau como vehículo. La amistad más peligrosa se desarrolló precisamente con la empresa a la que confiaron la ampliación del Palau de la Música Catalana, Ferrovial Agroman, que se extendieron entre 2000 y 2004.

Por ejemplo, en 2000, Ferrovial pagó 100 millones de pesetas equivalentes al 4% de 2.500 millones de pesetas de obras que debía adjudicarle la Generalitat. En la oficina de Millet aparece el no va más de la ingeniería financiadora, La Fundación Orfeo Català–Palau de la Música tiene que donar el 2,5% de sus ingresos a la Generalitat, una donación relacionada con lo recibido de Ferrovial en la Fundación. Normalmente son las Fundaciones las que reciben, casi nunca las que pagan. Pero la confusión mental es tal que no es la Generalitat quien recibe ese dinero, sino el partido que la gobierna. Con tantos años de *pujolismo*, hubo quien identificó una cosa con la otra.

La habilidad de los investigadores judiciales impidió que un "accidente" en la custodia de un disco, que correspondía a los Mossos d' Esquadra restara información a la instrucción. Alguien copió el CD llamado "Presidència Despatx Millet", en un ordenador portátil.

En esos papeles se habla de gestiones Millet con Joaquim Pujol i Figa (primo de Pujol y secretario general de Presidencia)[39], "*J. Camps*" (presuntamente, Jaume Camps), y de Joaquim Triadú[40] también secretario general de la Presidencia. El punto de obscenidad corresponde sin duda a la cuenta: "Factures Convergents" quizá improvisadas para justificar las importantes cantidades reembolsadas en forma de billetes de 500 euros, según escribe la Agencia Tributaria. En el secreto estaban los abogados Joan Segura y el ex laboralista Vicente Blanes Tort.

39 Jugó un importante papel arrebatando a Roca el control de las finanzas en Convergència.

40 Triadú hizo valer su proximidad con la actual cúpula de CiU y fue fichado de la política por Price Waterhouse Coopers (PwC) donde le encargaron resolver consultoría de clientes públicos. Triadú es hijo de uno de los hombres símbolo de la resistencia catalanista contra Franco, Joan Triadú

Por la nota manuscrita "pago 105.000 m. Ferrovial" y "autopista", que sugiere un pago de la constructora Ferrovial. Jaume Camps, ex diputado de CiU, fue imputado en el *caso Palau.*

En el despacho de *senyor* Millet también se interviene correspondencia "noble". Por ejemplo, con Rafael del Pino Calvo Sotelo, consejero delegado de Ferrovial, y con Pedro Buenaventura, el directivo de contacto con la constructora, con el que Millet va más al grano: "indispensable para atender las necesidades que tú sabes", escribía Millet a Buenaventura en lenguaje críptico.

Con él se negocian las obras del Pabellón deportivo de Sant Cugat del Vallés (4,1 millones de euros) al que se aplica el tipo general de comisión del 4%; la adjudicación de las obras de la línea 9 del metro de Barcelona. Estas obras debían "generar" 120 millones de pesetas; es decir, cotizaban al 2,5%. También se arbitran las obras públicas de la Ciudad Judicial, al 4% (322 millones) y una de la empresa pública Regs de Catalunya, por 439 millones de pesetas. Esos y otros proyectos como la adjudicación de la depuradora de l'Escala.

Los documentos recogen de forma palmaria compromisos de pago por obras recibidas del Gobierno de Pujol. Incluso implican en los trasiegos de dinero a Carles Torrent i Macau, responsable de finanzas de Convergència fallecido en marzo de 2005, que en las cartas de Millet es "Amic Carles". Torrent administraba también la Fundación Ramón Trías Fargas. Tras su fallecimiento, aparece en los papeles de Millet una columna contable "Pagaments a Daniel". La Agencia Tributaria concluye que se trata de Daniel Osàcar Escrig, sustituto de Torrent en el partido y que llevaba años trabajando en el departamento de finanzas de Convergencia Democràtica.

La contabilidad de Millet incautada primero y analizada por la Agencia Tributaria reveló un enjambre de ingresos, sueldos, pagos y comisiones que incluían la "libreta de Marta", en referencia a la esposa de Millet, Marta Vallés. La libreta de Marta no estaba llena de poemas, sino de cobros. Pero como dicen en Italia, *fra moglie e marito, non ci mettere il dito*. Es evidente que se daban la gran vida, como Jordi Montull con su yate de multimillonario.

Poco a poco se fueron desenmarañando ingresos y comisiones cuadraban en fecha y respondían a criterios convenidos. Los porcentajes y distribuciones eran fieles a acuerdos secretos. Así pasaba con GPO Ingeniería o con Triobra, autora –por cierto– de las reformas de la casa de Millet en l'Ametlla del Vallés. El ex presidente de CDC allí, Esteve Escuer admite haber recibido de Millet 13.000 euros para su campaña municipal. Allí tenía a más de uno en nómina, *do ut des* recibía favores inmobiliarios.

En el ordenamiento de las empresas receptoras de adjudicaciones de obra Millet y los directivos de CDC no dudan en utilizar la Fundación Ramon Trías Fargas, cosa que produjo un gran enfado a la viuda, Montserrat Trueta, la hija del doctor Josep Trueta (cuyos aportes a la cirugía militar fueron extraordinarios tanto en España como en Inglaterra) y a sus hijos. El economista Ramón Trías, presidió Convergencia durante varios años, partido al que se incorporó en 1979 (antes fundó Esquerra Democràtica) y falleció en 1989, mientras pronunciaba un discurso en un mitin de CiU en el Maresme.

También se pagaba a empresas que realizaban trabajos electorales para los convergentes como New Letter Marketing Directo, Letter Graphic, Altra Forma (administrada por Miguel Giménez

Salinas[41]) o Mail Rent, que admitió en el juzgado haber dado a CDC, 775.000 euros entre 2007 y 2010.

Millet & Montull consiguieron evitar la cárcel –por ahora– a base de hacer exhibición de su arrepentimiento y de poner a disposición del juzgado 2,6 millones de euros en efectivo, además de comprometer otros 30 millones de euros que asegura tener, para hacer frente a las responsabilidades que pudieran derivarse. Un lector decente podría preguntarse: "Pero si estos dos tenían 30 millones para avalar su libertad, ¿por qué robaban?" Debe ser que lo robado sabe mejor.

*De porcs i de señor s'en ha venir de mena* (la naturaleza determina quién es señor y quien un cerdo). Millet, hijo de banquero y político y sobrino nieto de músico ilustre certifica la endogamia de una sociedad estrecha, carente de factores inhibitorios y tremendamente estrecha. Una traición al alma barcelonesa que allá por 1870 concedía a sus más célebres industriales, médicos, ingenieros, banqueros o abogados el título anual de "Ciudadano honrado". Nada que ver con Millet que guardaba en su caja fuerte 3.600 billetes de 500 euros, por si las moscas.

Millet engañó hasta a su propio consuegro haciéndole pagar la mitad del banquete que los emparentaba, mientras él acudía a los fondos del Palau. Incluso debía sentirse intocable cuando repartía el 4% de las comisiones de las constructoras que aspiraban a otras obras más importantes en Cataluña. Era la Fundació 4 per cent.

La musa Euterpe aún vomita más fuerte con los enjuagues y lavajes que le colgaban los de CDC a Millet. Por ejemplo, "arré-

41 Esta firma negociaba la publicidad del candidato de CiU Pere Esteve a las europeas y a gracias a ser accionista Laia Vilajoana (hija de Jordi Vilajoana), se llevaba contratas sin concurso

glele lo de Àngel Colom". El que fuera defenestrado en Esquerra, donde dicen dejó deudas de juego, se transformó en líder PI (Partit per l' Independència) y fracasó. Era un submarino de CiU para restar votos a ERC.

Luego le pagaron con un cargo de "selector" de inmigrantes en una ciudad marroquí. Algo que no incomoda –por la lejanía– y que le permitiera un *carpe diem* magrebí. Colom se presentó en Barcelona con facturas pendientes del PI,por gastos de su colega Pilar Rahola, en su esfuerzo fallido en las municipales de Barcelona. Corría el año 2000.

Le enviaron a ver a Millet y éste le entregó 150.000 euros (él sólo reconoce haber recibido 75.000 euros), razón por la que está imputado en el *caso Palau* por su tercer juez instructor. Le pagaron y se hizo de CDC; él lo justifica así: "me pagó porque avalaba mi trayectoria nacionalista". Àngel Colom i Colom, conocido en ERC como "seis alas" (dos por ángel; y dos por cada "colom", que es palomo en catalán), fue convertido por Artur Mas en secretario de inmigración de Convergència. Millet también agració con un pellizco de felicidad a la Fundación Olof Palme, de la lenguaraz Anna Balletbó. Un zorro que dijo al juez que había abierto una cuenta en Suiza "hace muchos años (...) por temor a las inestabilidades que la muerte de Franco pudiera traer".

En realidad el gran corrupto del Palau, Félix Millet, se equivocaba cuando decía pomposo: "Somos cuatrocientos, y siempre somos los mismos". No es cierto, son cuatro y se creen que Cataluña es suya. El *caso Palau* trajo una cosa buena y es que puso la lupa sobre las Fundaciones convertidas en cloacas por las que fluye la financiación inconfesable a los partidos, aprovechando que esta vía aporta beneficios fiscales para el donante.

Pero es que nuestro país otorga también exenciones fiscales extraordinarias a las Fundaciones, que –en muchos casos– no se merecen, y menos en tiempos de crisis. Entidades privilegiadas que se han convertido en estercoleros inmundos por los que transitan codicias insaciables y financiaciones ilegales de partidos. Sus cancerberos exhiben patente de corso para gastar sin control. De hecho, la Generalitat renunció, en 2001, a supervisarlas. Ahora entendemos el por qué.

Como consecuencia del *caso Palau* el juzgado decidió embargar la sede central de Convergència "*Quina vergonya!*" (¡Qué vergüenza!) en previsión de responsabilidades civiles por hasta 3,3 millones de euros.

Las medidas tomadas por vergüenza torera en su contra, son insuficientes. Se habla de fiscalizarlas, de auditarlas externamente, e incluso, Cataluña rebajó en un 20% el volumen de sus aportaciones públicas. Pero necesitamos algo más drástico. Por ejemplo, cerrar todas aquellas que no inviertan en asuntos sociales el 75 o el 80% de los fondos que reciben.

# Oriol y las ITV

Cinco detenidos, registros y cientos de grabaciones telefónicas ordenadas por el titular del Juzgado de Instrucción número 9, pueden conducir a la imputación de Oriol Pujol Ferrusola en una trama de favorecimiento de intereses empresariales, tráfico de influencias, falsedad documental, malversación de fondos y delito contra la hacienda pública. Una trama obscena e impropia del secretario general de Convergència, con tráfico de influencias y dinero a una Fundación de CiU. Y quizá lo más importante: las grabaciones que describen a un Oriol Pujol, en muy poco diferente de los hijos más corruptos de Teodoro Obiang Nguema. Consecuencia probada, a la justicia de Cataluña le ha costado demasiado tiempo reprochar a Pujol hijo un presunto delito de tráfico de influencias. Así, acabó haciéndolo la fiscalía anticorrupción y le costó la Secretaría General de CAC.

Lo peor de este chirriante caso es que da la sensación que algunos no quieren jugarse la carrera y que, desde luego, el principio de igualdad ante la ley no se cumple en beneficio –como siempre–

del político. Otrosí, resulta patética la defensa de Artur Mas, presidente de la Generalitat y líder de CDC quien convocó, en febrero de 2013, una cumbre anti–corrupción para defender que "una imputación no es una condena y que un político imputado puede seguir en el cargo hasta que sea condenado". ¿Y qué más, Mas? Que un juez decida la imputación de un político no basta para separarle de sus funciones. Podrá discutirse si temporalmente, pero el fondo del asunto es de cajón. ¿Qué le hace suponer a Mas que, por ejemplo, Oriol Pujol imputado en un delito de tráfico de influencias, no continuaría produciéndolo? ¿No le basta al President Mas con la "ventajilla" de tener que someter la imputación a un suplicatorio a la Cámara legislativa catalana, por ser aforado?

Vamos por partes, como decía *Jack el Destripador*. La empresa ITEUVE Technologic formaba parte –en junio de 2003– del Grupo Agbar (Aguas de Barcelona), y tenía un predominio del 50% del mercado de las empresas concesionarias de las Inspecciones Técnica de Vehículos (ITV) en España, y mucho mayor en Cataluña. La concesión catalana de las ITV finalizaba en 2004. Albert Raventós, ex director del gabinete jurídico de la Generalitat, seguía como miembro de la Comisión Jurídica Asesora, que era la encargada de conceder la prórroga de las ITV a las empresas ECA–ITV e ITEUVE Technologic. Ambas querían que se prorrogasen hasta 2014. El responsable del departamento de la Generalitat que encarga el informe es Josep Tous, director general de Seguridad Industrial y Consumo. Tous era también, consejero nacional de CDC. Es decir, un sometido a la autoridad de Oriol Pujol, como secretario general del partido.

Curiosamente el bufete Cuatrecasas asesoraba a ITEUVE. En ese bufete trabajó Albert Raventós y hablamos de la empresa en la que Amador de Castro fue consejero delegado, luego por extensión lo sería de Applus+ Iteuve Technology. A la otra empresa (ECA-ITV) la asesoró Miquel Roca Junyent. Con esos "machos" nadie dudará que el Gobierno de CiU prorrogase en favor de los solicitantes. En 2009, se dijo que Agbar ingresó 90.000 euros en una Fundación próxima a CDC.

La Agencia Tributaria también descubrió "presunta financiación ilegal del partido político Convergència, que estaría utilizando dinero negro para abonar parte de su campaña electoral", afirma el informe de la AEAT, que añade "…piden la mitad de la factura en negro" y se refieren al pago de unos folletos de propaganda para las elecciones catalanas de 2010 que llevaron a Artur Mas a la ansiada Presidencia de la Generalitat.

De hecho, todo gira en torno a un chivatazo que recibe Sergi Pastor, según el cual, un impresor va divulgando que CiU le ha propuesto pagar sus trabajos en negro al 50%. Pastor se lo comunica a Alsina para que éste se lo comente a Oriol Pujol. Hacienda sostiene que eso sólo puede ser si generan dinero negro (verde y con asas) y la única manera de que un partido genere negro, es que cobre comisiones ilegales a cambio de favores políticos.

Desde la oposición (en tiempos del Tripartito (PSC-ERC-Iniciativa) Oriol Pujol defendió en el Parlament la continuidad de las concesiones. Sin embargo, el Tripartito anuló la prórroga y propuso pasar del régimen de concesión a otro de autorización regulada para, de esa forma, incrementar el número de operadores.

En 2007, para adaptarse a esa nueva normativa, *Applus+* se escindió y siguió controlando las ITV de Cataluña hasta 2012.

Pero las casualidades mandan. En primer lugar, una interceptación telefónica del Servicio de Vigilancia Aduanera a un capitán de yate (el de Dorribo) que hacía trabajitos para los narco, les llevó a la trama de Jorge Dorribo, de la manera más tonta. Un día el capitán llamó a Dorribo para pedirle que invirtiese en un negocio de reparaciones e instrumentos marítimos que pensaba montar. Dorribo le dijo que tenía un "infiltrado" en la Xunta; que le iba a dar ese dinero –en forma de ayudas a fondo perdido– e incluso le facilitó el teléfono. Los agentes *fliparon.* Dorribo se refería al alto funcionario como si fuera un propio, uno de los suyos. Allí había *chicha;* por eso luego hubo dimisiones y caídas de funcionarios, políticos y "conseguidores" del PP y del PSOE.

Aquello era más jugoso que el narco, debieron pensar los agentes. Era tráfico de influencias, cohecho, corrupción en estado puro, una locura para el tranquilo juzgado de Lugo que con Estela San José al frente instruía el caso. Los seguimientos judiciales descubrieron que el ministro de Fomento, José Blanco (antes secretario de organización del PSOE) montaba a Dorribo en su coche oficial, en una gasolinera de Guitiríz, para llevarlo a un cocido. Los agentes descubrieron que cuando ambos hablaban de: "Bájame unos chorizos"; no se referían a los del cocido, sino a paquetes de euros. De todo eso va el *caso Campeón,* que tiene una pequeña derivada catalana.

El amigo del ministro, Juan Antonio Orozco, obtenía de éste gestiones a favor de Azkar, en un establecimiento logístico en el Baix Llobregat que resultaron ser *mano de santo.* Incluso aparecieron conversaciones entre el empresario gallego Amador de Castro y Jorge Dorribo, relacionadas con certificaciones medioambientales.

José Blanco y su amigo de la infancia Orozco, mantienen una conversación sobre futuros negocios en la que se pudo oír "a ver si los catalanes entran, y nos quitamos de encima a Dorribo", así consta en el Supremo. Las grabaciones se extienden y de nuevo la casualidad lleva a los agentes a los supuestos ilícitos en Cataluña con las re-adjudicaciones de ITV y el papel que desempeña Oriol Pujol Ferrusola y su amigo del IESE, Sergi Alsina.

Un informe de la policía judicial habla de que Josep Tous, presidente de la sectorial de empresas de CDC e Isidre Masalles, subdirector de Seguridad Industrial de la Generalitat, "estarían presuntamente realizando la manipulación de un futuro concurso público de concesiones de estaciones de ITV". El informe habla de "organigramas jerárquicos de los intervinientes" y en la cúspide figura Oriol Pujol en el figuran también Germà Gordó, Enric Colet, y Josep María Canós, secretario general del Gobierno; secretario general de la consejería de Empresa y Empleo y director general de Seguridad Industrial, respectivamente.

La conversación grabada entre Oriol Pujol y Josep Tous, el encargado de diseñar el mapa de Inspecciones Técnicas de Vehículos (ITV) es, sencillamente, brutal:

*Oriol Pujol*: Muy rápido, muy rápido, estoy con Heribert Pedrol. Itelevelesa renunciará a las tres ITV que tienen en Manresa... ¿Qué le podría caer aproximadamente? ¿Qué podría tener como compensación?

*Josep Tous*: O sea, te explico: Itevelesa lo que les ofrecía es... sacaban la de Manresa y la ponían en otro lugar, en otro municipio y además les dábamos una en el Baix Llobregat.

*Oriol* : Por tanto no es renunciar a Manresa, es desplazarla...

Tous: No, no ha de salir de allá.

*Oriol*: Desplazarla del municipio, sacarla del municipio ¿No?

*Tous*: Sacarla de la comarca, sacarla del Vallés y ponerla en otra comarca y ganar una en el Baix Llobregat.

*Oriol*: Perfecto, pero entonces los lotes... ¿Cómo los harías? ¿Por qué para que ganen una más...cómo harán el lote?

*Tous*: Porque sacaré su lote, que habrá las dos que ya tienen, más una, más dos más y entonces...

*Oriol*: ¿Entonces harás lotes de cuatro?

*Tous*: Sí, el lote será de cuatro. Su lote será de 4.

*Oriol*: Vale, vale, vale. Escucha yo se lo digo a Heribert para que tranquilice a Itevelesa y continuar trabajando. ¿Él ya sabe que tú y yo vamos en la misma manera?

*Tous*: Itevelesa se puede tranquilizar pero es que además el día 4 de noviembre tenían que haber acabado todas las obras y no las acabarán. O sea que están incumpliendo y la orden de adjudicación dice: "Si en un año no cumplen, pasa automáticamente con el 2º ganador" O sea que les conviene mucho.

Oriol: Pero... ¿No nos encabronaremos con Itevelesa ahora por esto?

*Tous*: ¿Qué?

*Oriol*: Te ha de servir a ti para llevarlos a tu propio terreno, pero no para machacarlos.

*Tous*: Ya le dije a Heribert que me ayude.

*Oriol*: Si quieres, Heribert te ayudará con esto.

*Tous*: Claro, que él me ayude a poner las bases del concurso para que le vaya bien.

*Oriol*: Pues venga, habla con Heribert, cara a cara, incluso en cuestión jurídica, eh.

*Tous*: Sí, vale, bueno yo ahora me voy de viaje.

*Oriol*: Bueno, bueno pues ya os buscaréis ¿Vale?

*Tous*: Cuando vuelva o antes ya le llamaré y me pondré en contacto con él pero lo que es muy importante es que seamos proactivos y vayamos al departamento diciendo: escuchen... entendámonos

*Oriol*: Sí, pero Josep... creo que vamos lentos, te lo digo de verdad, ya te he dicho mil veces, creo que vamos lentos.

*Tous*: Ah, pero yo no marco el ritmo, a ver cuidado, yo...

*Oriol*: Sí, sí, sí que lo marcas tú. Tú le das el paquete resuelto. Este tío te lo comprará y sino haremos que te lo compre.

*Tous*: Hoy le he dicho a Germà Gordo, secretario del Gobierno… revisión de oficio y empújame un poco. Se lo he dicho así.

*Oriol*: Vale, vale...

*Tous*: Y a Canós le dije el jueves pasado: decide revisión de oficio y comencemos ¿Me entiendes? Yo les apreté pero claro, que no acaban de tirar...

A Heribert Pedrol le tocó la difícil transición de la Agencia Tributaria dirigida por Ernesto de Aguiar y Josep María Huguet, con el escándalo de los inspectores corruptos en Hacienda. Salió de allí a poltrona de diputado de CiU y luego consideró más interesante abrir despacho y ser útil a Oriol Pujol

No era la primera vez que los Pujol se fijaban en las ITV. Muchos años antes, Marta Ferrusola se infló a poner plantas en las instalaciones de ECA, inspección técnica de vehículos. Lo hizo de la mano de la señora de Eduard Puignou, una buena amiga, casada con un directivo de la empresa; después absorbida por la filial de Aguas de Barcelona, *Applus+*. En esa empresa estaba otro de los protagonistas de esta historia, Sergi Pastor, su consejero delegado, luego caído en desgracia en el grupo Agbar. Pastor cayó en desgracia en Agbar, en julio de

2006, cuando en unas negociaciones con el fondo británico de capital riesgo, Candover, los directivos de su casa sospecharon que jugaba con las cartas de los inversores. ¿Cómo es este Pastor?, puede que se pregunten.

La respuesta en su salida de *Applus+*, "Por deslealtad", así contestó ofendido Jordi Mercader, presidente del Grupo Agbar, mi pregunta sobre el fulminante cese de Sergi Pastor y, de su segundo, en *Applus+*, Lucio Moreno. En *Applus+* quien mandaba era Agbar (53,1%), aunque también participaban Caja de Madrid y Fenosa. Candover era un chollo, estaban dispuestos a comprar Applus+ por 1.015 millones de euros, cantidad que luego con las *due diligences* quedó en la nada despreciable cifra de 915 millones. Algo superior a su otra gran inversión en España –Parques Reunidos por 900 millones de euros– las partes fueron convocadas al Notario para formalizar la venta, cuando Mercader desistió en junio de 2006 con enorme bronca interna y externa.

El presidente del *Grupo Agbar* descubrió que los dos primeros ejecutivos de *Applus+*, Sergi Pastor y Lucio Moreno, tenían un acuerdo con la compradora británica para obtener una participación liberada (esto es gratis) además de garantizarles la continuidad. Y entonces salió lo mejor de Jordi Mercader, ex presidente del INI en el primer gobierno socialista y hombre independiente que supo resistir –en la papelera de Balaguer, Impacsa– la atracción del dinero fácil de Javier de la Rosa. "¡Ni hablar! ¡Aquí pirulas; ni una!" y rompió la venta. Los cesados Pastor y Moreno reclamaron a Candover 6,3 millones de euros. Luego, Pastor probó fortuna en Scalextric.

Las conversaciones de Sergi Pastor son muy relevantes en la Operación Campeón catalana. Con el propietario de la consultoría Alta Partners, Sergi Alsina, ambos especulan sobre el papel que los "catalanes" iban a desempeñar. Pastor dice haberse mirado "el tema de Orozco y creo que no tiene sentido". Y Alsina involucra a Oriol: "Yo he estado operando con el Oriol y si ésta aproximación que hacen y con este fondo de comercio y todo eso, yo creo que el planteamiento seria: nosotros participamos solo en Cataluña. En Cataluña me ha dicho el Oriol que puede hacer mucho acceso a la sanidad pública, a la privada y a las mutuas. Entonces la opción sería, mira, nosotros tenemos un 40% por ciento (…) liberado, no el 40% para invertir". Las réplicas de Pastor son esclarecedoras: "Recuerdo una cena en tu casa, José Antonio Orozco nos dijo: "Tú ponme a jugar y yo lo haré bien".

El Servicio de Vigilancia Aduanera conocía muy bien los esfuerzos de Dorribo y Orozco sobre José Blanco para obtener del Gobierno Zapatero las autorizaciones preceptivas para vender medicamentos en unidosis[42] y la venta de deshechos farmacéuticos [obtenidos del Sigre[43]] en África. Dorribo planteó a los catalanes un 40% en el negocio y "protección política en la sanidad catalana". Según sus cálculos con un millón de inversión se obtendrían unos beneficios cercanos a los 50 millones de euros. Dorribo compró una farmacia en Andorra y disponía de unas naves[44] –y de ma-

42 Nadie en el sector comprende como las "unidosis", aun en sus versiones más baratas podían ser negocio en África, sino es vendiendo medicamentos caducados en España.

43 El Sigre es el centro de clasificación y destrucción del medicamento en España, depende de la patronal de laboratorios farmacéuticos.

44 La policía precintó los locales a finales de julio de 2012, a petición de la juez española del *caso Campeón* y la sociedad se llama Salut i Innovació, Dorribo

quinaria vieja para preparar unidosis en Lugo[45]– en el Principado, desde donde reexportar medicamentos caducados. Además de las ventajas fiscales, Andorra es un territorio ajeno a las normas de la Unión Europea. Él ya había conseguido la residencia un año antes. Se trata de negocios colaterales, en fase de propuesta, además del negocio central que son las concesiones de ITV.

La relación de Pastor con Tous es tan íntima que le confiesa unas negociaciones secretas con una empresa alemana que quiere hacerse con las ITV en Cataluña, TÜV Rheinland. Esta vez en contacto con Lucio Moreno, le expone: "Yo le digo (al representante de los alemanes) que me de negocio, y te concedo la exclusiva. De lo que no me des de negocio; no te concedo la exclusiva. Se acabó el problema". A Tous, la trama le llama *la lagartija* y hablan de que pudo haber cobrado unos 72.000 euros en cuatro facturas de la Generalitat como mediador.

Al tiempo, habla descaradamente de que de lo que se trata es de que Convergència tenga peso gracias a las adjudicaciones a empresas del sector.

Un día Pastor fue cazado en conversación telefónica con su amiga y socia María Jesús Muro (esposa de Pedro Navarrete, director de *Sony*) que pretende hacerse con negocios de ITV y adjudicaciones públicas en el subsector de la certificación energética industrial. El matrimonio Navarrete entraría como accionista de una sociedad que constituirían con Filosa (la empresa que se quedó con los terrenos de la Sony en proceso de deslocalización). En el convencimiento de hablar en confianza, esto fue lo grabado en julio de 2011:

---

controla el 62%, junto a Carlos Montejo y Javier Rodríguez (ambos de Proitec), José Prado y José Antonio Orozco, consejero delegado de Azkar (12%).

45 En los Laboratorios Asociados Nupel.

"Te diré por qué: en Invalor está también Oriol, explica Sergi Pastor. Porque Oriol es el que ha preguntado por Invalor (…) entonces ha salido la conversación. Y yo le he dicho: "Hombre, Sergi (por Alsina)…", Yo te entiendo. Lo que dijiste el otro día. Pero una compañía que factura 900.000 y gana 300.000, no está mal ¿no? (…) Nosotros entramos allí para hacer *lobby* ¿Qué *lobby* hemos hecho? Ninguno. Si tienen más *lobby* ellos, que nosotros (…) Pero es que lo tenía que decir, porque como ha salido la conversación: "¡Oye!, ¿Cómo va lo de Invalor? Porque claro, Oriol lo que ha dicho es que no cobramos dividendos ni nada y que no sé qué y no sé cuántos… Hombre, yo creo que va muy bien. Como todas las cosas en la vida, hay que esperar su momento".

Muro deja claro que no quiere que se les relacione (ni a ella, ni a su marido) con Invalor. Pastor admitía haber participado en el consejo de Invalor (unos días antes) y que tenían para repartir "trescientos y pico mil, cuatrocientos mil euros, en número redondos (…) Oye que este tema te puede dar un beneficio antes de impuestos, de lo mismo que han puesto más un 40 o 50% para ser exactos (…) Chus si este tema al final se convierte en un tema que tiene un *ebitda* [46]de 400.000, oye, ¿Qué sabes lo que vale una cosa de un *ebitda* de 400.000? Vale un mínimo de 2 millones, ¡eh!".

María Jesús Muro mostró sus reticencias: "Míralo así. Te dan una subvención para montar una empresa. A esa empresa encima le dan un concurso.. Pero no ves que vamos a salir, nos van a meter en el *trullo. E*s que.. Es que ya se ve, que eso no puede ser...", le decía a Sergio Pastor .

46 Es el acrónimo de: Beneficios, Antes de Intereses, Impuestos, Depreciaciones y Amortizaciones, en inglés (Earning Before Interest, Taxes, Depretiation and Amortization).

Pastor dice [el 12 de junio de 2011] que estuvo en la cena con los empresarios gallegos "y estuvo Oriol Pujol" con el que comentó de pasada su asunto y "sí que está por la labor de que constituya la empresa". Oriol Pujol afirmó públicamente que "no les conocía de nada".

El grupete buscaba nuevas adjudicaciones en Madrid y Valencia, después de calificar Barcelona de negocio espectacular. Pastor añade: "Y entonces he aprovechado que estaba Oriol y le digo: "Oriol ¿y en el tema de las mutuas?, dime, ¿cómo es el secretario general del Gobierno central. Y él lo sabe cómo es. Es un fundamentalista. Es que no nos puede haber ido peor para la iniciativa privada".

"Hay que ir con cuidado. La gente es listísima", explica Pastor, quien refiere a un antiguo alumno con el que ha navegado y que "lo casca todo" y le puso al día de como "Felipe Puig "se puso muy contento" porque en lugar de ir a la Consejería de Interior, le pareció que lo mandaban al Port de Barcelona "donde podía haber hecho más negocios". Otra perla de conversación es cuando Pastor refiere que cuando estaba en *Applus*, todo el interés de Oriol Pujol es que "fuera a ver a Xavier Pujol, el propietario de Ficosa. Tenía un interés brutal". "¿Oriol?", le pregunta su interlocutora. "Sí", contesta. Pastor explica que él cree que los Pujol "ha hecho cosas con Xavier Pujol [consejero delegado del Grupo Ficosa]".

La felicidad del granjero catalán llega cuando todas sus gallinas ponen. Así exponía la suya Sergi Pastor en llamada a Sergi Alsina: "Es que yo creo que "nos ponen todas" –dice– ¿Me entiendes? Ahora se trata de poner hilo a la aguja, y crear alguna cosa." Estaba feliz porque moviendo intereses relacionados con la eficiencia energética (las llamadas "Escos") y de las inspecciones técnicas de empresas, resulta que las decisiones dependen de Maite Masià, directora del Icaen, a la que Sergi Alsina define como "muy amiga". Maite Masià ocupó anteriormente la Oficina Antifraude de Cataluña (OAC), creada a raíz del "3%" denunciado por Maragall. Su participación fue crucial en el informe de las Fundaciones del *caso Palau* que concluía que no podía desmentir ni afirmar con "la rotundidad jurídicamente exigible" que CDC se financiara con dinero desviado del Palau.

"Los Sergis" estaban felices al ver que Maite Masià "estaba muy dispuesta (...) a forzar que las compañías adjudicatarias (de las Esco's[47]) tengan que coger gente" formada por Upprime Energy, empresa de Pastor y Alsina. El 19 de marzo de 2013, Oriol Pujol resultóimputado en el caso de las ITV.

## YAMAHA SONY y SHARP

El 4 de abril de 2012 llegaba al juzgado 11 de Barcelona un anónimo. En él se dice que el *Príncipe de CiU* habría cobrado "millonarias comisiones" por las deslocalizaciones de tres firmas japonesas de Cataluña: Sony, Sharp y Yamaha. Según el anónimo, Alsina "les animó a jugar duro, porque gracias a él el Príncipe, al final, les aprobaría el expediente [de regulación de empleo]. Eso sí, con un peaje de otra galaxia para *"OP"* (como se refieren sus socios a Oriol Pujol) y a su amigo Sergi Alsina de Alta Partners. El anónimo encajaba.

En el juzgado hay declaraciones, según las cuales fue el propio Oriol Pujol el que llamó personalmente a los responsables de Yamaha en Europa, que tienen sede en Ámsterdam, para convencerles de que contratasen a Alta Partners, la consultora de Alsina.

47 Energy Service Companies o Compañías de Servicios Energéticos

Supuestamente, la minuta de Alsina a Yamaha fue de 5,5 millones de euros. Yamaha se fue y pagó solo 110 días por año a sus trabajadores.

Un tal "Ramón" llamó a Sergi Alsina [el 26 de julio de 2011] le habló sobre unas motos Yamaha, que tanto él, como Oriol Pujol, se habían comprado; aprovechando la amistad con Jorge Lasheras, el primer ejecutivo de la marca nipona de motocicletas en España. Amistad surgida de cuando la consultora Alta Partners conducía su deslocalización de Cataluña. Dice Alsina: "Para hacer las cosas más limpias [una obsesión que comparten los que hacen cosas sucias] ¿Se puede hacer una factura a mi nombre y que la moto vaya a nombre de Oriol Pujol?".

A Ramón se le oye pensar: "¡En tus sueños, guapo!"; sin embargo más comedido le responde: "Dudo que se pueda hacer, pero lo consulto". Oriol Pujol ya disfrutaba de su Yamaha; con ella acudía al restaurante La Camarga (hay fotos en el sumario) para comer con Sergi Alsina y Sergi Pastor.

La operación de Sony tuvo lugar en 2010 dio a los intermediarios unos 3 millones de euros por "proteger" su deslocalización y buscar un socio que se hiciera cargo de su planta en Viladecavalls. La planta fue asumida por el grupo Ficosa, de la industria auxiliar del automóvil. Una compañía intermediaria se hizo cargo de los trabajadores que recibieron fondos públicos de la Generalitat para formarlos en inspecciones técnicas. La empresa era gestionada por Alsina, y Pastor es Upprime Energy.

Existe otra conversación en el sumario que sitúa a Oriol Pujol en la cúspide de una trama de, como poco, tráfico de influencias, e incluso otros delitos. La mantienen dos buenos amigos desde la universidad, Sergi Alsina y Oriol Pujol, el primero propietario de Alta Partners, el segundo ex secretario general de Industria y secretario general de Convergència.

*Sergi Alsina*: "¿Mañana nos vemos para comer? Estuve ayer con Xavier, Xavi Pujol [consejero delegado de Ficosa, receptora de una cantidad pornográfica de ayudas públicas] y con Sergi Pastor. Esto va avanzando. Ya te lo explicaré con calma. Pero independientemente de esto, está el tema de que nos tenemos que ver los tres, Xavier, tú y yo. Dice que hable contigo para buscar un hueco y comer o cenar. Y este fin de semana, deberíamos hablar de la reunión del día 30, del lunes, en Sharp [Ellos pasan el fin de semana en la Cerdanya en casas vecinas, edificadas –por cierto– a la vez]"

*Oriol Pujol*: Bueno.

*S.A.*: Estás encima, imagino…

*O.P.:* No, pero hazme un resumen de un solo punto de la operación.

*S.A.*: Tenemos lo que habíamos preparado como nota de prensa en su momento, que coordinamos como la Generalitat. [Sharp ha acudido a Alsina y su "gente" para obtener protección en su deslocalización y ellos se encargan de la buena marcha del ERE y de la venta de sus instalaciones industriales, además de cuidar de que no les cayeran chuzos de punta].

*O.P.:* Eso lo tendrá él, lo de prensa…

*S.A.*: Llamaré, si te parece, porque me han llamado los de Cirsa. Hamano viene el día 7 y estos me han dicho que organice para comer con Manuel Lao. Es buena señal que se haga la reunión, pero no condiciona al 100%. Yo antes de mover grandes cosas, iba a hablar…

*O.P.*: ¡Son unos imbéciles!

*S.A.*: ¿Has sabido algo más?

*O.P.*: No, porque está en el aire, en plan campaña y vas…

*S.A.:* Lo sé. Aquí hay dos opciones: una el venture [*joint venture*[48]], el 30. Si va bien, firmamos el 1 y perdemos el componente mediático, porque no viene el Hamano. O esperamos al 7, que viene Hamano, lo podrá recibir el President [de la Generalitat] y lo apalancamos mejor."

Tras la conversación, Alsina encarga a Oriol Pujol, por SMS: "Puedes encontrar un hueco tentativo en la agenda del President, el 16 o 17. Gracias. Sergio". O con las ITV cuando le encomienda que haga alguna gestión con Margarida Gil, jefe de los servicios jurídicos de la Generalitat.

Por cierto, Anna Vidal Maragall, la esposa de *Zumosol-OP*, cobró más de 200.000 euros cuando acabó la operación de Sony. Según Convergència, Anna Vidal trabaja en Alta Partners desde hace 13 años. Las grabaciones revelan una peripecia empresarial más contaminada.

Sergi Pastor presumía de "discreción" en sus indiscretas conversaciones. "Con *Zumosol* [por Oriol Pujol] no me gusta que ir aumentando los contactos, que se visualice tanto. Eso es muy malo", dice el 19 de julio de 2011, "Ya en su momento cuando coloqué a su mujer, lo hice muy discretamente. De hecho, no nos veíamos. Yo la conozco pero para mantener la máxima discreción, porque es un tema que un día puede ser negativo… y te lo pueden tirar en la cara. Si hay algo necesario, sí o sí, le llamo; pero no lo hago habitualmente, porque la gente es muy lista, relaciona y…." Pastor había colocado a Anna Vidal en *Applus* +, en 2003, cuando

48 Una empresa conjunta.

CiU perdió el poder "y nadie quería colocarla" [¿Quiere decir que, perdido el poder, Anna Vidal fue al paro de mano de otro amable empleador? Ver su hoja registro de empleadores, cotizantes a la Seguridad Social, debe ser muy revelador.]

Como si fuera el reparto de los barrios de Nueva York en las películas de la mafia; los muchachos de Oriol se relamían con las inspecciones energéticas obligatorias; e incluso pensaban ya en futuras inspecciones técnicas de viviendas (a 50 euros por domicilio) o en el desarrollo de las ITV de chimeneas en toda España o de la calefacción en los hogares. El caso es trincar cacho, en negocios por descubrir. Oriol Pujol "participaría y se beneficiaría" de estas actividades pero les parecía una prioridad "tocar a la gente de Unió" Sobre todo a Duran Lleida y a Josep Sánchez Llibre, portavoz en la comisión de Industria del Congreso, "aunque todo dependerá –admite Pastor– de decisiones del Gobierno de Zapatero".

A veces las cintas son como episodios de *Los Soprano*. El capo Oriol Pujol recibe llamada de Sergi Alsina, el 31 de mayo de 2011, que le dice que "los de Cirsa [el imperio del juego] no firmaran mientras no se solucione este problema del impuesto". Hablan de que Cirsa (concretamente su filial Nortia) se quede los terrenos de Sharp en Sant Cugat. Se reparten funciones: Alsina debe hablar con Vizcaíno[49] y Hostench, mientras que Oriol hablará con Lluís Franco, el de la Agencia Tributaria Catalana. Confieso que nunca antes había entendido tan bien a qué viene el interés político de que la Agencia Tributaria quede en manos de la Generalitat. Franco es un hombre de Unió al que le tocó recomponer Trabajo, después de *caso Planasdemunt*, en 1998.

49 Miquel Vizcaíno, es el director jurídico del Grupo Cirsa.

El caso es que la reunión con Lluís Franco fue a pedir de boca. De hecho, la Agencia Tributaria catalana se conformaría con un compromiso de Cirsa, de no vender –en cuatro años– la fábrica en cuestión de la que era titular Sharp. El compromiso con la Agencia era la clave de la operación –ahorraba 1,4 millones de euros– "Franco –explica Alsina a Oriol Pujol– es consciente de que tiene que buscar una salida de aquí al jueves". Luego hablan de programar un encuentro con Artur Mas, que "debe" ser posterior a la resolución del escollo fiscal con los compradores; concretamente de Toshihige Hamano (vicepresidente mundial de Sharp) con el presidente de la Generalitat, Artur Mas. Así trabajaba Alta Partners, confundida entre los intereses del partido, del hijo de Pujol, y de la Generalitat. Tremendo poderío de consultora.

El trabajo de la policía judicial ha destrozado a Oriol Pujol como una bala explosiva. En primer lugar los informes de la Agencia Tributaria le señalaban como "colaborador necesario" de una red clientelar que aspiraba a tener estaciones de ITV. Esa red se quedaba con porcentajes de los negocios a adjudicar. De hecho, las negociaciones comienzan antes de que Convergència vuelva a Gobernar. La juez del caso escribía en un auto de abril de 2012 que veía "indicios racionales" contra Oriol Pujol.

Por otro lado las "conversaciones" con los deslocalizados que buscan "apoyo político" en su salida de Cataluña le dieron la puntilla. La UDEF envió al Supremo un informe en el que señalaba que el presidente de Sharp le ofreció pagarle a él y su trama en un paraíso fiscal por facilitarle el cierre en Cataluña (ERE, y venta de la fábrica, incluidos)[50]. Las cintas describen como tanto en las

50 *El Mundo* 15 de enero de 2013

ITV como en los deslocalizados Oriol Pujol coordinaba, influía, decidía, gestionaba y "participaba en los beneficios de los mediadores". El informe también destaca que el propio Oriol Pujol decidía los cargos a su gusto en la administración para que sus negocios fluyeran con eficacia.

Este caso no sólo se limita a cargos de la Generalitat y empresarios catalanes. El Tribunal Supremo investiga al magistrado de la Sala de lo contencioso-administrativo del TSJC, Joaquín Ortiz Blasco, por mantener reuniones con algunos de los imputados en esta trama y con personas vinculadas con las concesiones investigadas. Ortiz Blasco fue ponente, en lo contencioso, contra los acuerdos de la Generalitat relativos a estas estaciones de ITV.

El 19 de marzo de 2013, Oriol Pujol dejaba la Secretaría General de CDC.

# "Catalonia is... peculiar"

La catalana es una sociedad peculiar. Hablamos de una sociedad con poco sentido crítico. Poco contestataria, donde el disidente era acorralado, silenciado y civilmente muerto, pero en vida. Hay sin embargo, honrosas excepciones como el director teatral Albert Boadella, inventor entre otros del concepto *catacracia* y que dibujó magistralmente a Pujol en *Ubú Rey*. O el narrador Miquel de Palol quien en un acto con Pujol de frente y haciendo mohines porque Cataluña –decía– no tiene un Stendhal; se levantó y le dijo: "Tiene usted razón, no nos podemos comparar, pero usted tampoco es Napoleón.

El "ancho de vía" del sistema autonómico ha permitido cuestiones muy llamativas "en el nombre de Cataluña". Me refiero a las embajadas catalanas por el mundo, a las selecciones deportivas; a las subvenciones del catalán en el Rosellón francés; aunque también a las lógicas del sector público. Desde mediados de los ochenta, la Generalitat se dispuso a meter en el perímetro de lo público una estación de esquí, La Molina, anteriormente en manos de una familia pro-convergente. Como no sabían qué hacer con ella, se la enchufaron a Ferrocarriles de la Generalitat (FGC), después de adquirirla al Fondo de Garantía de Depósitos para evitar su cierre.

Nadie en la izquierda parlamentaria hizo reflexiones públicas sobre porque los impuestos de los trabajadores –por ejemplo, del Grupo Roca en Gavá– deben destinarse –por decisión política– a sufragar unas estaciones de esquí con dinero público, después del fracaso de la iniciativa privada, básicamente por la escasez de nieve. Pues nada, de cabeza y al grito de: "¡Por Cataluña!".

El favor se disfrazó de "decisión para proteger el mundo rural" con el negocio del esquí. Algo aún más dudoso. Hoy día podemos hablar de "estaciones de esquí públicas catalanas" aglutinadas en Ferrocarriles de la Generalitat. En los presupuestos de 2012, costaban 26 millones de euros públicos. El artífice de esa política fue Albert Vilalta (Reus, 1933), como secretario general de política territorial, después sería consejero de Medio Ambiente. El ingeniero de caminos, canales y puertos lo justificaba de forma que hubiera hecho troncharse de risa al gran mono blanco, Copito de Nieve. "En unos casos, dijo, las compramos para evitar su cierre y en otros para evitar que cayera en manos del Opus Dei" a quien atribuía una operación para quedarse Núria "que es un activo histórico de Cataluña" (...)" y la devoción por la virgen, no podía ser monopolizada por creyentes".

Con esas dos poderosas razones, que se elevan hasta las cuestiones de fe, Vilalta dejó tres estaciones de esquí en el sector público: La Molina, Espot y Port Ainé y gestiona la de Vall de Núria, a pesar de ser propiedad del Obispado de Seu d'Urgell, que, se supone, no debe ser del Opus Dei. De todas maneras, Vilalta era un tipo hosco, al que hay que reconocerle el haberse plantado, en Medio Ambiente, a los espurios intereses de la "multinacional" Pujol & Fills (Hijos).

Con los impuestos de todos se han mantenido por décadas los cañones de nieve y los telesillas de la Molina, donde la Generalitat "disfruta" del 100% del capital desde 1981 en un desesperado intento por impedir su cierre y ayudar a sus antiguos y convergentes propietarios.

Años después, su hijo –también Albert– e igualmente ingeniero, fue secuestrado y herido por miembros de Al Qaeda, cuando portaba alimentos a Mauritania con la ONG, Acció Solidaria.

Por cierto, que los Ferrocarriles de la Generalitat de Catalunya (FGC) también tuvieron su caso de corrupción. Dos de sus ex presidentes *of course* de CiU, Enric Roig y Antoni Herce, fueron condenados a seis años de prisión. Aunque luego el Supremo reduciría la pena a cuatro años y medio, por malversación de caudales públicos. La sentencia indicó que los condenados idearon una "trama" con la creación de un plan de pensiones para enriquecerse. Roig y Herce cobraron del fondo 178 y 46 millones de pesetas, respectivamente. Aunque hicieron extensivo el beneficio del plan a otros directivos de la empresa "para enmascarar su ilegal enriquecimiento", señala la sentencia.

El sector público *pujoliano* desborda el surrealismo de Dalí. Otro ejemplo, de la escasa seriedad de criterio del sector público catalán da idea que se pagaran cientos de millones de *royalties* por los productos e una empresa de alpargatas de cáñamo Castañer, de Banyoles. O el Túnel del Cadí, a través de sendas ampliaciones de capital, vio como las cajas catalanas diluían su participación en favor de una Generalitat, en plan *pecho lobo* que acudía a todas y cada una de las ampliaciones de capital para enjugar de pérdidas. Todavía resultó más naif el intento de control de Potasas del Llobregat por Francesc Cabana y Josep Lluís Vilaseca, líderes del plan *Minas K*.

Pocos gobiernos creen en el expansionismo, en el pan–catalanismo, al punto de que dediquen dinero de los impuestos de sus ciudadanos a promocionar la enseñanza del catalán en un país vecino y más rico, como Francia. La Generalitat financia el programa "2.000 horas de catalán en las escuelas primarías" en el Ayuntamiento de Perpignan.

La mano que mece la cuna de las selecciones nacionales catalanas deportivas lucha entre grandes contradicciones. Si avanza, producirá secesiones en las competiciones de Liga de deportes como el fútbol o el baloncesto por clubes. Y eso, las enfrentará a clubes y jugadores, que temen salir devaluados del experimento. Pero los nacionalistas entregan dinero público para que esas selecciones visualicen Cataluña en campeonatos como la Copa de las Naciones femenina de balonmano, o los campeonatos femeninos de fútbol sala.

A eso le ha dedicado buena parte de su vida David Moner, primo de Macià Alavedra que disfruta de una oficina pública; una torre de 290 metros cuadrados que pagan todos los catalanes. Que consiguió dinero público para la selección catalana de *"twirling*", o para la de "*curling*" deportes que cuentas con volúmenes licencias de practicantes… descriptibles. El primero consiste en hacer girar un bastón. Lo segundo va de cepillar frenéticamente el hielo para acelerar el tránsito de un enorme disco. Cualquier cosa, si contribuye a *Fer país* (Hacer país).

Jordi Pujol le jugó un pulso a las *majors* de Hollywood. Quería que sus estrenos se doblaran al catalán. En la Meca del cine le dijeron que "Ok"; pero que lo pagara quien lo exigía, que el mercado de espectadores catalanes no daba para hacer rentable el doblaje en un idioma más. Con los años se ha consolidado la paradoja que Cataluña, terriblemente endeudada, que debe practicar recortes en su sistema sanitario y que tiene más de 800.000 desempleados paga unos 90.000 euros por película que se dobla al catalán a Sony Pictures o Warner Bros Entertainment. Por ejemplo, *Harry Potter y el misterio del príncipe* costó 101.000 euros al erario público.

La Iglesia catalana con Ricard María Carles se entregó a Pujol, así como su sustituto Lluís Martínez Sistach, "el dels ferros" (su familia tenía una industria metalúrgica). En parte porque Pujol era el primer presidente de la Generalitat recuperada devoto, en parte porque les susurró de que debían ser una Conferencia Episcopal propia; la cuestión es que los *bisbes* catalanes, sus organizaciones y sus colegios se entregaron con pasión a Pujol padre.

Además de la Iglesia o el Barça, otro de los objetivos tradicionales de CiU es *La Vanguardia*. Podríamos decir que "las circunstancias" han entregado el primer diario catalán en manos de Convergència. La crisis, a partir de 2007, coinciden con unas subscripciones claves: los diarios que compra la Generalitat, 18.000 suscripciones al año. Para lectores no catalanes, españoles o extranjeros, reiteraremos que el Gobierno autonómico se convierte en el primer cliente de quiosco de los principales diarios catalanes. Esto es algo que Artur Mas se encuentra urdido por el Tripartito y sus editoriales pro-Estatut conjuntas. Los Godó saben implementar ayudas para sus pseudo-negocios editoriales en catalán, ocho millones de euros en 2011, año de crisis, por cierto.

Por no hablar del coqueteo con el diario ultranacionalista *Ara* (nacido en 2010) y que presidente Fernando Rodés Vila, un extraño nacionalista catalán que reside en Suiza y vivé desde hace más de una década en París como CEO de Havas. Mientras papá Rodés (Leopoldo) dice que está horrorizado con ese "negocio particular" del hijo con los *semper fidelis* Carulla, de Agrolimen. Barcelona es una ciudad periodísticamente torturada. Como explican si no que Editorial Planeta fuese primer accionista del diario *Avui* del 2004 al 2009

*La Vanguardia* de José Antich no tiene nada que ver con aquella del editorialista Lorenzo Gomis, ex suegro y valedor de Arcadi Espada. Ni con la del socialista (línea Josep Pallach, que se caracterizaba por su antipujolismo y anticomunismo) Joan Tapia, ni con la del muy pro-convergente, Paco Noy. "El amor es como la cebolla; va por capas", como dice mi amigo Pedro Juan Viladrich.

En el caso del Conde de Godó, desde luego es así. El editor de *La Vanguardia,* fundada en 1881, *t*uvo la habilidad de llegar al cambio de siglo con un director tan camaleónico como él mismo, Josep Antich, castellanohablante e hijo de funcionario de España en la frontera. Al gran superviviente catalán, todo le da igual. Al punto de presidir un Grupo de comunicación pro-independentista en *Rac-1*; pro-convergente en el diario y ser Grande de España, en lo privado; sirviendo *filetes Wellington,* al monarca en sus visitas al caserón de Reina Elisenda, uno de los jardines más asépticos y pulcros de Europa, a pesar de las esculturas de madera del artista Emili Armengol.

Javier de Godó, con su yate *Rosalind* (made in Southampton), su psiquiatra neoyorkino, y sus inyecciones en Alemania para aliviar sus dolores de espalda no sabe qué decir al Monarca sobre lo sucedido en Cataluña y eso que le nombró Grande de España hace poco tiempo. La simpática colombiana Marisa Falcó se empeña, con entusiasmo, a romper el hielo de esos encuentros con Juan Carlos I. Marisa fue primero amiga –en Nueva York– de la hija del Conde (Ana), y luego señora de la casa. La última después de: María Antonia Toni Valls Klein, madre de Carlos y de Ana Godó; o de Carmen Godia (hija del empresario franquista Paco Godia); Conchita Viñamata, hija de la condesa de Alba de Lista.

La cuarta generación de la saga Godó tiene derecho a ser como quiera ser. ¡Naturalmente!. Pero la historia dice lo que dice. La Vanguardia estaba con el Caudillo y los "Años de la Victoria", con Galinsoga y Manuel Aznar, incluidos, y concluidos por el riojano Horacio Sáenz Guerrero y el espía de Franco, Carlos Sentís.

Sepan que *La Vanguardia* se crea como periódico de apoyo a Sagasta, allá por 1881. Daba apoyo mediático a un partido (hoy imposible en Cataluña) que se llamó Partido Constitucional. Cuando Ramón Godó Lallana, se convirtió en el Randolph Hearst catalán, el periódico hubiera saltado al cuello de quien impusiera un impuesto más a los empresarios catalanes. El editor de *La Vanguardia* siempre antes fue leal a España, al punto de financiar las tropas de Alfonso XIII en la Guerra de Marruecos.

### Embajadas

Otro de los signos "indentitarismos" a los que Convergència no piensa renunciar son las Embajadas. Habrá que repasar quienes son los "Embajadores". En París, donde la Embajada nacional está situada en el número 3 de la rue de la Boetie, a pocas calles de los Campos Elíseos, se compone de dos edificios por los que la Generalitat paga 30.000 euros al mes. Su delegada, Maryse Olivé Quintana, es miembro de Convergència. En su hoja de servicios destaca su adscripción a 'Galeusca', aquel experimento fracasado que, en 2004, unió a miembros de CiU, PNV y BNG, en una sola lista al Parlamento europeo.

En Londres, el "embajador" es Josep Manuel Suárez, presidente de CDC en el Vallès. El Gobierno catalán ha preferido omitir el presupuesto de la oficina, quizá para evitar un escándalo que empieza con la ubicación del pintoresco inmueble, ubicado en Fleet Street, para tranquilidad del contribuyente, el Gobierno catalán asegura que Suárez no dispone de coche oficial.

La que tampoco puede quejarse es Mar Ortega. No habla alemán, tampoco ha ganado unas oposiciones que justifiquen su posición, sin embargo ha sido nombrada delegada de la Generalitat en Berlín "por contactos personales". Ahora disfruta de un sueldo de 87.500 euros y trabaja en una oficina cuyo alquiler asciende a 60.000€ anuales. Cuando se le preguntó, Ortega prometió apuntarse a un curso para aprender el idioma local.

Por último, la delegación que el Gobierno catalán mantiene ante la Unión Europea. La única dirigida por un diplomático de carrera, Joan Prat Coll, quien fue definido por Josep Antoni Duran Lleida como el "mejor representante de Cataluña posible".

Cada "Embajada" acoge un centro del Instituto Ramon Llull para la difusión del catalán en el mundo. Éstos manejan un presupuesto de 12 millones de euros, en tiempos de crisis.

Cada euro que se destina a cada departamento, cada oficina, cada centro regional... todo forma parte de una gran maquinaria política que ha extendido sus redes a nivel exterior con motivaciones muy diferentes a las oficiales. Por un lado se coloca a los amigos; mientras nos venden que la construcción del ilusorio "Estado catalán" también se juega fuera de nuestras fronteras.

## Periodistas patrocinados

Preguntado Thomas Jefferson sobre que prefería un Gobierno sin diarios, o diarios, sin Gobierno, respondió: "No dudaría ni un instante en preferir lo segundo". Justo lo contrario del ideario nacionalista: el control del país a través de la prensa. A pesar de la impresionante máquina ideológica que es *TV3*, construida a partir de 1982, cuyo libro de estilo prohíbe a los periodistas fórmulas como "Policía Nacional" (sustituida por *Policía de l' Estat*), o referirse a España (sustituida por "l' Estat"); hasta el punto del ridículo de hablar –en deportes– de la *selecció de l' Estat* para hablar de la selección española de fútbol, a pesar de que Xavi, Pujol, Piqué o Busquets militen en ella. No es suficiente. Pero si la selección es del Estado, ¿Entonces es como el INI o el ICEX? La "construcción nacional" exige la negación de una realidad que es que España, aunque su selección de fútbol gane cosillas por ahí, como el Mundial o la Eurocopa.

El nacionalismo ha acabado siendo el primer cliente en la venta de los principales rotativos que se editan en Cataluña, de *La Vanguardia* a *El Periódico*, pasando por *Ara* o *El Punt*. Hasta las más independientes iniciativa digitales como "e-noticies" llevan al final el escudo de la Generalitat y el marchamo: "*Amb el suport de la Generalitat"*. (Con el apoyo de la Generalitat), algo impensable en otros lugares de España, donde se respiran otros aires de libertad periodística. ¿Saben los lectores que compran prensa subvencionada? ¿No les preocupa que sus dirigentes piensen que subvencionar medios de comunicación equivale a ganar elecciones? Pues, ni el Col.legi de Periodistes de Catalunya; ni el Sindicat de Periodistes (más a la izquierda), han alzado jamás la voz contra esta férrea voluntad de *Ciudadano Kane* que tienen los líderes convergentes.

Al final el nacionalismo ha conseguido lo que no tuvo nunca antes: *La Vanguardia*. El editor Javier de Godó y su hijo, Carlos han claudicado después de muchos años en manos del director socialista Joan Tapia, su actual director, José Antich ha pilotado la transición hacia la cuadra de medios nacionalista. Primero Antich metió con horma a los de Unió en la casa y luego a Mas. Al Grupo Godó le pusieron condiciones (la edición en catalán de *La Vanguardia* e incluso la edición de un periódico en catalán *Ara*) pero al final, conservan la confianza de Artur Mas para ese camino mesiánico a la independencia y las 18.000 suscripciones, o más, que convierten a la Generalitat en su mejor cliente, amén de 7 millones de euros en subvenciones en un año de crisis como el 2011. Así es como se ganan amigos.

Ciertamente, la actitud servil hacia Convergència, también se produjo con el Tripartito de Maragall y Montilla, en la que Cataluña protagonizo un insólito editorial idéntico compartido por todos los periódicos que allí se editan defendiendo el Estatut. Otra *peculiarity*.

Convergència también ha perdido plumas en su pelea contra *La Vanguardia*. Lluís Prenafeta la mano derecha de Jordi Pujol durante 10 años (desde marzo de 1980 a 1990) harto de frialdades con Tapia, se emperró en poner en marcha una alternativa un diario nacionalista en español. Se lo confió a Alfons Quintá, con el que Prenafeta había levantado *TV3*. La fortuna sonríe a los audaces, pero no tanto. Quintá refiere contactos en Madrid para machihembrar a Javier Godó en una especie de proyecto de periódico moderado pro CiU que compitiera con *La Vanguardia.*

Al intento de burlarse de la competencia se sumaba Manuel Prado y Colón de Carvajal, embajador *ad large* (sin cometido específico), que ya hacía negocios con Prenafeta, y con De la Rosa, aunque le gustaba hacer creer que representaba a "Mi Señor", que es como se refería al Rey Juan Carlos. El Conde de Godó y Prado se bajaron del burro en la primera estación pero varios directivos de *La Vanguardia* se fueron con Prenafeta a *El Observador.* Por cierto el primer administrador fue Jordi Planasdemunt, todavía *Honorable.*

Prenafeta los sustituyó por industriales catalanes pro-nacionalistas, pero los que decían a *Prena* que colaborarían, se cansaron pronto. O se hacían el loco (por ejemplo, los *peleteros* de Colomer Munmany). Pronto se vieron colgados y recurrieron al inefable Javier de la Rosa que a su vez, sin el menor escrúpulo, echó mano de la caja de Grand Tibidabo para desviar dinero al proyecto, burlando a sus 7.000 accionistas. De la Rosa puso como condición el relevo de Quintá, por desafecto a su propia y delirante causa: "Yo robo; y tú me aplaudes". Con él llegó a *El Observador* Joan Piqué Vidal y se convirtió en socio de Prenafeta. De la Rosa confiaba en Piqué tanto que le nombró secretario del consejo del Grupo Torras, el holding de KIO, en la época de los petrodólares kuwaitíes. Eso bañó en oro al penalista barcelonés.

El diario estaba sentenciado. Cerca de 1.000 millones de la caja de Grand Tibidabo se perdían en financiar el diario nacionalista promovido por Prenafeta a través de una "martingala" (no me refiero al proceso estocástico) de obligaciones convertibles y créditos a la sociedad Coterma, cuyo administrador único era Armand Carabén, el mismo de Predeusa, la editora de *El Observador*. Tres años después cerraba y dejaba a un centenar de periodistas en la calle.

Otra de las tenedoras de pagarés *pro domo causa* era Kujal, unos saltos de agua cuya venta llevó a un caso de fraude fiscal con condena de 2 años de prisión y multas muy cuantiosas para el fiscalista Joan Anton Sánchez Carreté, el hombre que hace la renta de los Pujol, de Suqué y de muchos otros *pata negra* nacionalistas.

Antes incluso de la locura de *El Observador*, era obsesivo lo del control de los medios ¿Por qué? Desde el principio, Pujol controló *El Correo Catalán*, luego el *Avui,* donde llegaban puntualmente las pesetas de los Casinos de Suqué.

Quizá el lector se pregunte ¿pero hay una prensa no nacionalista y de izquierdas? Razón por la que creo que es procedente inventariarla en esto de *Catalonia is... peculiar*. El *Grupo Zeta*, no pasa sus mejores momentos, sostenido por *La Caixa*, recibe las subscripciones de la Generalitat y sobrevive a cambio de no ejercer de contrapoder. Pero años atrás pudo haberlo sido y no lo fue quizá por tener financiadores como Javier de la Rosa y directores como Antonio Franco, de *El Periódico*, que prefirió comerse el *caso Filesa,* a publicarlo.

Por lo que toca a *El País*, el haber destapado el *caso Catalana* le estigmatizó. Sin embargo, fueron las cloacas de la burguesía, las que lo atascaron y mandaron a la deriva. El 22 de marzo de 1990 la familia Vidal Folch-Balanzó, industriales textiles, vendía su vieja empresa de Poble Nou, a Profimar por 590 millones de pesetas. El mismo día, Profimar vendió esos mismos terrenos a Kepro, por 1.188 millones de pesetas, que se quedaron directamente los Vidal Folch-Balanzó. Acordaron pagar 120 millones a dos hermanos intermediarios apellidados Saenger. Se trataba de eludir la repercusión fiscal de las plusvalías y los Saenger ponían la pantalla. Pascual Estevill[51] instruyó el caso y "entrulló" a los burgueses que como éstos habían vendido a Kepro. Excepcionalmente con los Vidal Folch se conformó con imputar a su gerente (Xavier Vidal Folch, dirigía la edición barcelonesa de *El País* y ejercía de *enfant terrible*, luego se convirtió en el "viejo del piano" de los bandera roja de Cataluña). Todo gracias a Piqué Vidal.

Los Vidal Folch regularizaron, temiendo ir a la cárcel y Joan Piqué Vidal quedó acreedor de un inmenso favor. Los Saenger utilizaron de forma miserable a un deficiente mental, que localizaron en los jardines de Turó Park. Le llevaron al Notario y le convirtieron en administrador de la empresa pantalla que enjuagó las plusvalías de los Vidal Folch-Balanzó. Luego, le compraron un traje, unos zapatos, un reloj, y un maletín. Le subieron a un avión rumbo a Caracas. Allí, le ocurrió de todo hasta que un día entró en una oficina del Banco Exterior de España y unas buenas personas se

51 Para entonces, Pascual Estevill ya tenía un enemigo en la prensa, era yo. El resto le hacía la pelota, como Joan Tapia que comía con él una vez al mes. Desde las páginas de *Diario 16* y *Cambio 16* y desde la revista *Economics* empezaban a salir los desmanes de Estevill. Le puse el apodo periodístico de "*Lobo*" porque tenía a los patricios catalanes atemorizados como corderos. Es lo que tiene ir a contracorriente, que luego los apodos que pones se popularizan. [*Diario 16,* abril de 1993]

preocuparon por él, llamaron a su familia y pudo volver. Una verdadera canallada. Pero aquella inmundicia tenía ribetes de extrema crueldad y salía a la luz de mi mano, en *Diario 16*.

Más larga fue canallada la sufrida en carne propia, en la redacción de *El País* Barcelona dirigida por Xavier Vidal Folch-Balanzó. Por imposición del periódico, varios periodistas investigamos el contenido de un informe pericial encargado por el juez del *caso Hacienda* sobre fraudes fiscales de Josep Lluís Núñez, ex presidente del Barça y conocido constructor de la Ciudad Condal, comprando servicios de inspectores.

Publiqué que los expertos consideraban que Núñez había defraudado una enorme cantidad en diversos impuestos, sobre todo en IVA y sociedades, mediante el soborno de funcionarios de la Agencia Tributaria. El artículo superó los controles internos, todos sabían que se basaba en fuentes cruzadas, que no había papeles de parapeto. Se publicó en portada en la edición nacional. Prisa estaba indignada con Núñez que cerró el Camp Nou a *Canal+* y se entregó en brazos de *TV3*. ¡Les dejó sin el Barça, en canal de pago!

Joan Piqué Vidal tiró del viejo favor que evitó la cárcel a la familia del director barcelonés de *El País* y le presionó. Consiguió dos cosas, que *El País* rectificara al día siguiente y que tratasen de despedir al periodista. Cosa que evitaron los sindicalistas del periódico. Vidal-Folch preparó un *mobbing* espantoso contra mí. Me impidió escribir en el periódico *sine die* y me sancionó con varios meses de suspensión de empleo y sueldo. Pero dio con algo más duro: la verdad.

Pasaron dieciocho meses de oprobio en una redacción cobarde y sofronizada por el director; hasta que el informe entró en el juzgado. Cuadraban las cantidades y los delitos. Con la razón en el bolsillo, decidí llevar a *El País* a los tribunales, por canallas. Mi abogado, Josep López [el principal acusador de Pascual Estevill] cerró un muy ventajoso acuerdo, que reconoce su abuso mediante prácticas totalitarias, injustas y cobardes arrodilladas a lo peor de la sociedad barcelonesa.

Josep Lluís Núñez y su hijo acabaron siendo condenados a seis años de cárcel por esto. La sentencia de la Audiencia de Barcelona tuvo lugar en julio de 2011 y corresponde a delitos continuados de cohecho y falsedad documental. La misma sentencia condenó a Josep María Huguet, íntimo amigo de Josep Borrell y máximo responsable de la Inspección de Hacienda de Cataluña en los noventa, a 13 años de prisión.

## El Barça

Poca gente sabe que Jordi Pujol i Soley intentó en 1966 ser presidente del F. C. Barcelona, no pudo presentarse por falta de alma *culé*. Tuvo que ceder el paso al industrial textil, Agustí Montal, que luego acabaría entregado a su causa política. Montal abrió el Barça a los *xicots* de Banca Catalana, especialmente a uno: Jaume Rosell, un ingeniero de Lleida, que estuvo junto a Pujol desde el minuto cero de Convergència.

El fútbol se iba complicando y a Montal le birló la presidencia un constructor pujante, con métodos cuestionables, pero que no era "uno de los nuestros". El hombre de las esquinas, como le llamaban en Barcelona por Núñez y Navarro; o *Pulutant* como irónicamente le llamarían con los años los imitadores, por su extraña manera de decir "por lo tanto" en catalán; Josep Lluís Núñez (natural de Baracaldo) se atrincheró en el Barça. Núñez y

Pujol compartían muchas cosas –por ejemplo al abogado Piqué Vidal o al fallecido relaciones públicas Josep María Gené o al fiscalista Sánchez Carreté– pero nunca se llevaron bien. "Los bajitos nunca se llevan bien entre sí", decía el simpático Gené. Parece que Pujol nunca perdonó a Núñez que, después de estudiarlo se negara a un homenaje en el Camp Nou al Pujol perseguido por lo de Banca Catalana. Núñez entorpeció los planes de control de Convergència. Su poder en el club era omnímodo y aprovechó bien las ventajas que el abogado mercantilista de De la Rosa, Juan José Folchi, aportó al club como sociedades "BV" holandesas o la Fundación Barça.

A CiU le urgía controlar el Barça, como una de las entidades "identitarias" forjada en tratar de ser "*més que un Club*", algo que muchos interpretaron como anti-dictadura franquista pero que desde tiempos de su fundador el suizo, de origen judío, Hans *Joan* Gamper[52], siempre se refirió al sentimiento separatista. Lo que son las cosas, Pujol trató y trató de hacerse con el Barça. Lo intentó con Lluís Prenafeta y Josep María Gené impulsando a Sixte Cambra, le costó una pasta. Lo ensayó conspirando contra Núñez, pero nada. Años después, armó la candidatura del publicista, Lluís Bassat al que derrotó Joan Laporta, gracias a su trabajo previo con la plataforma "*Elefant Blau*" [y al apoyo de Juan Echevarría, su entonces suegro]. El abogado venido a más, Joan Laporta quería entrar en CDC mandando y, en los primeros compases prefirió montar su propia alternativa política hoy fracasada.

52 Por cierto, los colores blaugrana son los colores de la bandera del Basilea, copiada por Hans Gamper, nada que ver con Cataluña cuando se fundó el Club.

Sin embargo, muchos años después sería el hijo de aquel Jaume Rosell, Sandro el que recuperaría el Barça para CiU. Como presidente del Club, Sandro Rosell, que venía con un perfil técnico, con tarjeta de ejecutivo de Nike. Su "catalanismo moderado" inicial, fue subiendo de tono hasta el independentismo y las banderas *esteladas* invadían el campo, siguiendo el son de los tambores que convenía a Artur Mas. Fue entonces, cuando algunos repararon en que era hijo del ingeniero de *can* Sumarroca y ex director de deportes con Pujol. Al final, "*peix al cove*" (pez capturado).

# Índice Onomástico

*Esta edición de*

**La Pasta Nostra**

*se terminó de imprimir*
*el 10 de abril de 2013,*
*Festividad de San Ezequiel*
*Profeta del Antiguo Testamento, que combatió la idolatría*
*y la corrupción del exilio del pueblo de Israel.*